Léon van GELUWE

L'HOTEL
COLBERT DE VILLACERF

23, Rue de Turenne, à Paris

EN VENTE

à la Librairie Ancienne, Honoré CHAMPION

5, Quai Malaquais, 5

PARIS

1907

à Monsieur Charles Sellier
Hommage de l'auteur

L'HOTEL
COLBERT DE VILLACERF

Extrait du Bulletin n° 23 de **La Cité**, *Société historique et archéologique du IVe Arrondissement*

———

TIRAGE : CENT EXEMPLAIRES DONT UN SUR GRAND PAPIER

Edouard Colbert, marquis de Villacerf.

Léon van GELUWE

L'HOTEL
COLBERT DE VILLACERF

23, Rue de Turenne, à Paris

EN VENTE
à la Librairie Ancienne, Honoré CHAMPION
5, Quai Malaquais, 5
PARIS
1907

L'Hôtel Colbert de Villacerf

Le Prieuré de Sainte-Catherine du Val des Ecoliers

En l'an 1201 (1), quatre célèbres professeurs de Paris, *Guillaume*, *Richard*, *Evrard* et *Manassès* fondèrent dans une vallée profonde et sauvage du diocèse de Langres, un ordre religieux soumis à l'observance des réguliers de Saint-Victor. Un grand nombre d'écoliers, attirés par l'excellence de leurs leçons se joignirent à eux, ce qui fit donner à leur institution le nom d'ordre des Ecoliers ou du Val des Ecoliers. Le dur climat de l'endroit qu'ils avaient choisi ne leur permettant pas d'y habiter en toute saison, ils furent autorisés par *Robert* de *Torate*, évêque du diocèse de Langres, à s'établir en un lieu plus clément situé non loin de là, où ils bâtirent un monastère et une église. Puis désirant se rapprocher de l'Université de Paris, ils vinrent en cette ville pour y fonder un nouvel établissement.

Un premier bienfaiteur, Nicolas *Gibouin*, bourgeois de Paris, leur donna vers 1228, trois arpents de terre qu'il possédait près de la porte Baudoyer, en dehors des murs de l'enceinte et dépendants du fief du Temple. Puis Pierre de *Braismes* leur fit don à la même époque d'un champ voisin et sur l'emplacement de ces terres cultivées, qu'on appelait autrefois cultures ou coutures, les religieux bâtirent un monastère et une chapelle.

Le couvent était fondé, mais il lui manquait une église vraiment digne de ce nom. C'est alors que des sergents d'armes du roi proposèrent de fournir la somme nécessaire à cette construction pour

---

1. *Histoire de la Ville de Paris*, par dom Félibien, p. 280.

accomplir le vœu qu'ils avaient fait à la bataille de Bouvines, d'édifier une église dédiée à « Mme Sainte-Catherine », leur patronne, si le sort des armes leur était favorable (1). L'ordre des religieux du Val des Ecoliers se transforma ainsi en ordre des religieux de Sainte-Catherine du Val des Ecoliers (2).

Sergent d'Armes du Roi

Le prieur éprouva beaucoup de difficultés à obtenir l'autorisation de bâtir son église. *Guillaume*, évêque de Paris, la lui refusa ; et pour triompher de son opposition il eut recours au pape *Grégoire IX*, qui par sa bulle du 17 août 1229 enjoignit à l'évêque de donner son consentement, en réservant toutefois les droits que le curé de Saint-Paul avait sur sa paroisse, dans l'enceinte de laquelle se trouvait le couvent. Les religieux durent s'engager à payer une rente de 140 livres. Néanmoins les prétentions du curé suscitèrent à différentes reprises des difficultés qui ne furent réglées définitivement que le 6 juillet 1628.

Le roi *Louis IX* dota le prieuré de 30 deniers par jour, de 20 livres parisis de rente, d'un muid de blé à prendre tous les ans dans les greniers de Gonesse ; à la foire des Brandons, le jour des Cendres, il ajouta deux mille harengs et deux pièces d'étoffe, l'une blanche et

---

1. En 1365 ils s'érigèrent en confrérie et donnèrent 2 francs d'or tous les ans. Un repas les réunissait le mardi de la Pentecôte. Cette confrérie cessa en 1446.
2. On voit encore, dans la basilique de Saint-Denis, des pierres tombales provenant de la sépulture des sergents d'armes qui y furent transportés lors de la désaffectation de l'église du Prieuré de Sainte-Catherine du Val des Ecoliers en 1767. Le chancelier d'Orgemont, le cardinal de Biragues, quantité d'autres personnages y furent enterrés. (Voir l'Epitaphier du Vieux Paris à l'article Sainte-Catherine du Val des Ecoliers.)

l'autre noire, de vingt-cinq aunes chacune, pour l'habillement des religieux. La reine *Blanche*, mère de *saint Louis*, donna pour les bâtiments une somme de 300 livres, et *Groslay* archidiacre de Reims, dans le même but, fit don au prieuré de 200 livres. *Philippe le Hardi*, *Philippe le Bel*, *Louis X*, *Philippe VI* et *Charles V* firent aussi des libéralités aux religieux de Sainte-Catherine dont la prospérité allait grandissant chaque jour. Le roi *Louis XI* les estimait particulièrement, et son affection pour eux se traduisit par l'abandon qu'il leur fit par lettres patentes du 3 juin 1477, confirmées par celles de *Louis XII* du mois de juillet 1498, de tous les deniers à Dieu qui seraient donnés à chaque enchère des fermes du domaine des aides, traites et autres subventions du royaume.

Les divers prieurs de Sainte-Catherine, quoique leur couvent fût prospère, envoyaient les moines quêter, et *Rutebœuf* dans sa pièce sur les Ordres de Paris ne manque pas de le leur reprocher en ces termes :

« Li vau (Val) des Escholiers m'enchante
« Qui quièrent pain et ont si rante (beaucoup de rentes)
« Et vont à cheval et à pied... »

Le prieuré eut à souffrir des guerres qui désolèrent la France au xive siècle, et pendant l'insurrection qui éclata à Paris en 1358, on apporta dans la cour de l'église les corps de Charles *Troussac* échevin de Paris, de *Jocereau* de *Masion*, trésorier de *Charles le Mauvais*, roi de Navarre et de *Thomas*, chancelier du même roi, décapités par ordre du dauphin, le futur *Charles V*, ainsi que les corps des combattants tués porte Saint-Antoine, parmi lesquels se trouvait celui d'*Etienne Marcel*, prévôt des marchands. Ils restèrent exposés plusieurs jours, puis ils furent jetés à la Seine.

Ce fut dans l'église de Sainte-Catherine du Val des Ecoliers que le roi *Henri III* assista, en 1583, aux obsèques de son chancelier, le cardinal de *Birague*. Il était revêtu du costume des Pénitents Blancs. Le cardinal était le premier membre décédé de cette confrérie pour laquelle les mémoires du temps ne se montrent pas très respectueux.

« On y établit, sous *Henri III*, disent-ils, une confrérie de pénitents nommés les « Blancs battus » grands hypocrites, au nombre desquels était le roi. »

Malgré de grandes richesses, les religieux de Sainte-Catherine furent forcés d'aliéner une partie de leur domaine, par suite de la mauvaise administration de leurs biens, due surtout au relâchement de la discipline. Et il paraît certain que dès l'année 1544, il existait plusieurs rues bordées de maisons sur le prieuré, qui était constitué autrefois par un vaste espace s'étendant de la rue Vieille-du-Temple jusqu'à la place des Vosges et de la rue Saint-Antoine aux limites du prieuré du Temple. Les hôtels d'Albret, de Lorraine ou de Savoisy étaient situés dans ses dépendances. Il touchait au palais des Tournelles, suivant un acte du 16 mai 1402. (*Arch. nationales*, S. 1066.) Cet espace fut encore morcelé par suite de la vente de terrains ou de maisons en bordure sur trois de ces rues, si bien qu'en 1676, il ne restait plus au prieuré qu'une propriété circonscrite par les maisons des rues de la Culture-Sainte-Catherine, Neuve-Sainte-Catherine, Saint-Antoine et de l'Egout ainsi qu'il résulte du procès-verbal de bornage du 31 août de la même année, conservé aux *Archives Nationales* (1).

Enfin, cent ans plus tard, le couvent n'existe plus ; l'église est démolie ; les tombeaux de quelque valeur sont transportés à la basilique de Saint-Denis ; et sur les derniers vestiges de l'ancien prieuré de Sainte-Catherine du Val des Ecoliers, objet des libéralités de plusieurs rois de France, un instant rival de l'Université de Paris, on construisit un marché (2).

La Rue de l'Egout

Le roi *Charles VI* incommodé par les émanations de l'égout du pont Perrin, qui passait dans les jardins de son hôtel Saint-Paul, en fit, pour remplacer le premier, ouvrir un autre en 1412, sur les terrains du prieuré de Sainte-Catherine. Les religieux, respectueux des ordres du roi, laissèrent exécuter les travaux, mais ils réclamèrent

---

1. Voir pièces justificatives, n°^{s} 1^a, 1^b, 1^c, et 1^d ainsi que le plan les accompagnant.
2. C'est le marché de Sainte-Catherine, un des coins pittoresques du Vieux Paris.

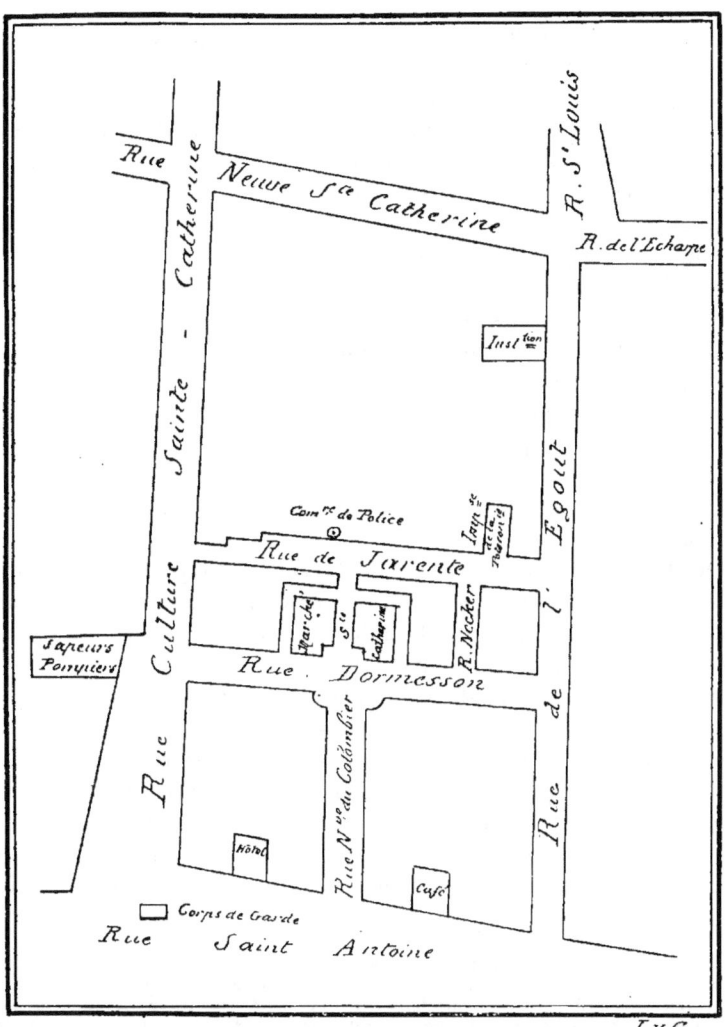

Emplacement du Prieuré Ste Catherine,
d'après le Petit Atlas pittoresque des 48 quartiers
de la Ville de Paris, par Perrot.
1836

une indemnité pour la perte d'une partie de leur propriété et pour le préjudice qui en résultait. Le roi la leur accorda, et ce ne fut qu'en 1427, qu'ils touchèrent à ce titre, une somme de 100 livres parisis. Un titre, daté de 1430, témoigne qu'à cette époque ils étaient déjà propriétaires d'une maison située au coin des rues Saint-Antoine et de l'Egout. (*Archives nationales*, S. 1014.)

C'est là l'origine de la rue de l'Egout, qui s'est successivement dénommée, rue de l'Egout Sainte-Catherine, rue de l'Egout couvert, rue de l'Egout Saint-Paul, rue du Val Sainte-Catherine en 1839 et qui, actuellement s'appelle rue de Turenne.

Le premier plan qui la mentionne est celui de *Gomboust* (1652) bien que dès l'année 1505, suivant *Lazare* frères, elle soit indiquée dans divers actes sous le nom de la rue de l'Egout Sainte-Catherine.

Depuis 1412, époque de son ouverture, l'égout resta à ciel ouvert jusqu'en 1625, et, vraisemblablement, la rue ne fut bordée de maisons qu'à cette dernière date quoique déjà il en existait une en 1430, comme il est dit plus haut (1).

De 1625 à la fin du XVIIIe siècle, la rue de l'Egout est une voie incommode, mal pavée, encombrée d'escaliers (2), qui sert de trait d'union aux rues Saint-Antoine et Saint-Louis-au-Marais, toutes deux très fréquentées. Les habitants se plaignirent de cet état de chose, et par lettres patentes en date du 14 mai 1777, *Louis XVI* ordonna que la largeur de la rue qui était de quinze à seize pieds fût portée à vingt-quatre pieds, pour faire suite et communication à la rue Saint-Louis-au-Marais qui avait quarante-six pieds de large (3).

Suivant un procès-verbal d'*Anne de Beaulieu*, contrôleur, en date du 21 août 1636, la rue de l'Egout est signalée comme étant pleine d'immondices et de boues à demi-sèches qui obstruaient l'entrée de l'égout (4).

1. « En 1605, dit Félibien, t. II, p. 690, la Ville loua la rue des Egouts pour dix-huit ans, à Charles *Marchand*, maître des œuvres, à la charge d'y laisser couler les immondices à l'ordinaire, d'en entretenir le pavé et de le remettre entre ses mains toutes les fois qu'elle en aurait affaire sans prétendre de dédommagements, avec permission de la fermer, s'il voulait, de deux portes ou de deux herses par les deux bouts ; d'où l'on peut conclure que le grand égout recevait alors peu d'eaux et d'ordures. »

2. Le plan de *Nicolas du Fer* indique que le mur du jardin du couvent est desservi par une porte accédant à un escalier.

3. Lazare Frères. *Dictionnaire des rues de Paris.*

4. Pièce justificative, n° 2.

Malgré tous ces inconvénients, les religieux de Sainte-Catherine du Val des Ecoliers trouvèrent des acquéreurs pour leurs terrains que le voisinage du nauséabond égout n'effrayèrent pas. C'est ainsi qu'ils vendirent le 15 mars 1643 à Michel *Larcher* (1), Premier Président de la Chambre des Comptes à Paris, 505 toises de terrain, moyennant 900 livres de rente et 10 sols de cens. (*Archives Nationales*, S. 1024.) Celui-ci en revendit 205 toises et demie par moitié à MM. de *Villequerot, Daumant* et de *Villedo.* (*Arch. Nat.*, S. 1024.) Il restait donc au Président *Larcher* 299 toises et demie, sur lesquelles son gendre *Colbert* de *Villacerf* construisit l'hôtel qui porte encore son nom.

Les religieux de Sainte-Catherine établirent le 31 août 1676 un procès-verbal (2) de bornage de leur propriété duquel il ressort que la rue de l'Egout était encore peu habitée à cette date ; elle est bordée du côté des numéros pairs actuels par le derrière des hôtels de la place Royale, tandis que du côté des numéros impairs, en partant de la rue Sainte-Antoine, on ne trouve que quelques maisons. On y voit aussi le mur du jardin du couvent de Sainte-Catherine, le petit hôtel de *Rohan* où étaient les écuries de ce prince, la maison de l'intendant de Colbert de Villacerf, l'hôtel *Colbert* de *Villacerf*, puis deux maisons appartenant à ce dernier, au coin de ladite rue et celle de l'Echarpe (3).

Cette rue de l'Echarpe, dont parlent les religieux dans leur procès-verbal, est la rue indiquée sur tous les plans de l'époque sous le nom de rue Neuve-Sainte-Catherine ou des Francs-Bourgeois, alors que ces mêmes plans donnent le nom de l'Echarpe à la petite voie baptisée encore ainsi, qui va de la place des Vosges à la rue de Turenne (4).

Dans la rue de l'Echarpe mentionnée par les religieux, se trouvait le célèbre cabaret de ce nom, dont Edouard *Fournier* parle dans son *Histoire des Enseignes de Paris :* « Celui qui va se promener avec sa « maîtresse aux marais du Temple peut avoir une belle chambre au « cabaret de l'Echarpe. » Et plus loin il ajoute : « Chaque cabaret ras- « semblait en quelque sorte sous son enseigne un fidèle bataillon de

1. Pièce justificative, n° 3.
2. Pièces justificatives, n°s 1ª, 1ᵇ, 1ᶜ et 1ᵈ.
3. Consulter le plan à la fin de la notice.
4. En 1848, les insurgés avaient construit une barricade qui allait du coin de la rue de l'Egout, côté des numéros impairs au coin de la rue Saint-Louis-au-Marais, côté des numéros pairs.

« goinfres et de buveurs. Les amoureux dînaient et soupaient à l'E-
« charpe, qui donna son nom à une petite rue du Marais. » La maison
où était situé ce cabaret existe encore, c'est celle qui porte le n° 7 ou 9
de la rue des Francs-Bourgeois.

La maison mitoyenne au cabaret de l'Echarpe, en allant vers la rue
de la Culture-Sainte-Catherine était habitée par l'abbé de *Villacerf*,
troisième fils de *Colbert* de *Villacerf* et de *Geneviève Larcher*. Bruyant
voisinage pour un abbé ! Plus loin, au coin de la rue de la Culture-
Sainte-Catherine et de celle de l'Echarpe se trouvait l'hôtel de l'Evêque de Langres qu'il occupait quand il venait à Paris.

De 1676 à 1714 le nombre des maisons de la rue de l'Egout ne paraît
pas avoir augmenté. En effet *La Caille*, dans le texte accompagnant
son plan de Paris (1714), dit que cette rue comporte cinq maisons et
est éclairée par dix lanternes. C'est presque de la profusion ! la rue
de la Culture-Sainte-Catherine allant de la rue Saint-Antoine à la rue
du Parc Royal et comportant quarante-sept maisons ne possède que

Sainte Catherine du Val des Ecoliers

dix-sept lanternes, ce qui démontre d'une façon péremptoire le mauvais état de la rue de l'Egout.

ENCORBELLEMENT DE L'HOTEL DE CHAULNES
10 RUE DE TURENNE

La mense prieurale, comptabilité de 1789, fait mention d'un hôtel de Flandre appartenant à un sieur Dupont, situé au coin des rues Saint-Antoine et de l'Egout, ainsi que du petit hôtel de Rohan et de l'hôtel de Villacerf dont le propriétaire était alors un sieur *Florent Lesueur*.

Saugrain dans les *Curiositez de Paris* (édition de 1723, p. 262) indique l'hôtel de Villacerf dans la rue de l'Egout. En 1815 cette rue possédait dix-huit numéros pairs et vingt-trois impairs. Une fabrique de cordes pour instruments de musique existait au n° 5.

Depuis le commencement du xixe siècle jusqu'à présent, l'aspect de la rue est resté à peu près le même ; quelques maisons sont en alignement, mais il reste toujours l'encorbellement de l'hôtel de Chaulnes, autorisé par une ordonnance de Louis XIV du 19 février 1679 et dont la démolition a été récemment décidée. (Voir pièce justificative, n° 10.)

L'hôtel Colbert de Villacerf et ses divers Propriétaires

L'auteur de la branche des *Colbert de Villacerf* (1), *Oudart Colbert*, seigneur de *Saint-Poüange*, épousa au xvie siècle Marie *Le Fèvre* qui lui apporta en dot le marquisat de Villacerf, seigneurie de Champagne, élection de Troyes, lequel appartenait à la fille du comte de Bavière, Grand d'Espagne. De ce mariage naquit *Oudart*, deuxième du nom, qui fut conseiller au Parlement, en 1612. Il se maria avec *Anne Sévin* et en eut quatre fils :

1° Michel, mort en 1694, laissant deux filles : Marguerite, mariée à Vincent *Otman*, intendant des finances, et Antoinette, mariée en premières noces à Pierre de la Cour, Président des Comptes, et en secondes noces à Louis *Saladin d'Anglure de Bourg-le-Mont*, duc d'*Atri*, mort le 19 septembre 1698 ;

2° Jean-Baptiste ;

3° Simon, conseiller au Parlement en 1638 et aumônier du roi ;

---

1. L'origine des *Colbert* remonte bien avant le xve siècle et provient d'une ancienne famille écossaise, prétendent-ils. Elle ne fut connue qu'en 1489 avec Jean *Colbert* dont un descendant eut trois fils, *Jean*, *Oudart* ou *Edouard* et *Nicolas*. Les deux derniers furent auteurs des branches de *Villacerf* et de *Saint-Poüange*, de *Chabanais* et de *Saint-Mars*.

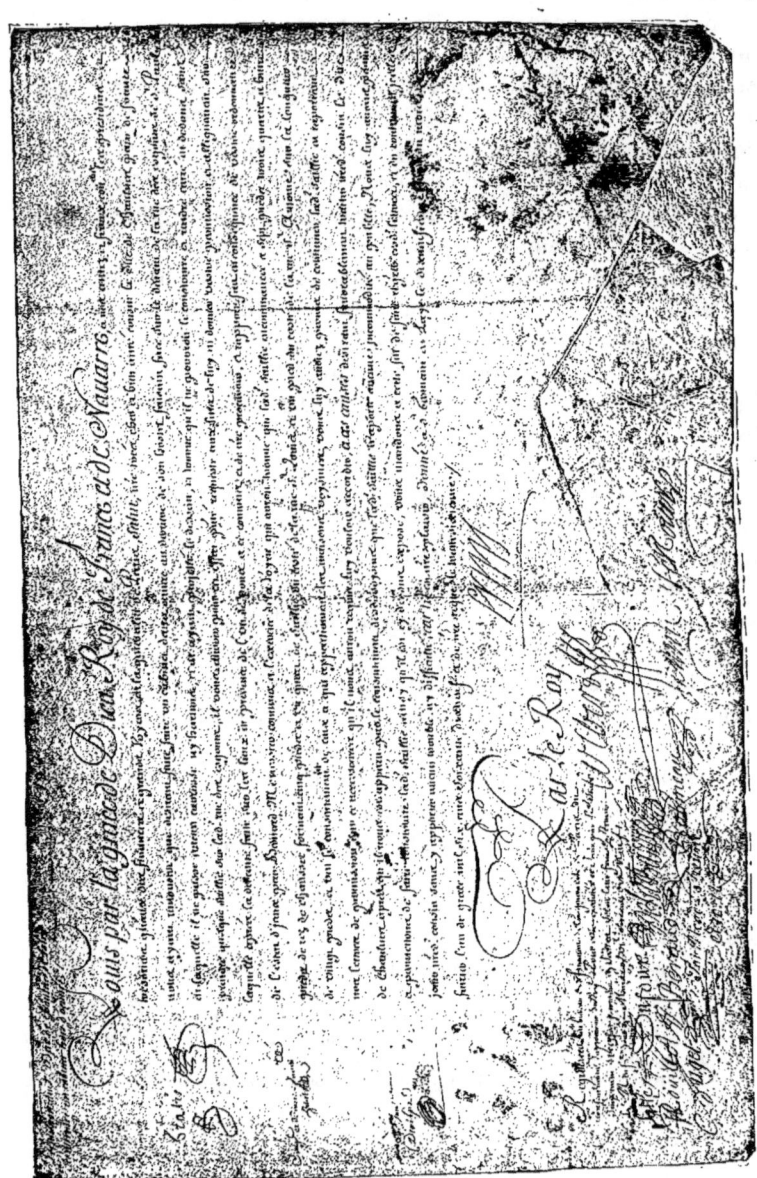

Généalogie de la far[...]

Oudart Colbert, seigneur de St-Poüange, épouse D^lle *Marie Le Fèvre*, laquelle apporte en dot le Marquisat de Villacerf.

Oudart, conseiller au Parlement, en 1614, épouse *Anne Sévin*.

Jean-Baptiste, seigneur de Saint-Poüange et de Villacerf, maître des comptes à Paris ; conseiller du Roi, conseil d'Etat et conseil privé, intendant de justice en Lorraine, épouse en 1628, Claude Le Tellier, sœur de *Michel Le Tellier*, seigneur de Chaville, chancelier de France.

Michel, conseiller au Parlement, puis maître des Requêtes, mort en 1694, épouse D^lle X...

{ Marguerite, veuve de Vi[...] *Otman*, intendant des fina[...] morte le 28 juillet 1704.

Antoinette, épouse : 1° [...] de la *Cour*, président des com[...] 2° Louis *Saladin* d'Anglu[...] Bourg-le-Mont, duc d'*Atri*, [...] le 19 septembre 1698.

Edouard, marquis de S[...] Poüange et de Villacerf, n[...] 1628, conseiller du Roi, co[...] d'Etat ; premier maître d'hô[...] la reine Marguerite-Thérèse [...] triche, puis de madame la [...] phine, surintendant des bâtir[...] du Roi, mort le 18 octobre 1[...] avait épousé *Geneviève La[...]* fille de *Michel Larcher*, ma[...] d'Esternay, président de la C[...] bre des comptes ; morte en [...]

Michel, aumônier du Roi, [...] général du clergé, puis évêq[...] Mâcon ; mort le 28 nove[...] 1676.

Gabriel ; mort chevalie[...] Malte.

Jean-Baptiste-Michel, né [...] 1639, évêque de Montaub[...] archevêque de Toulouse ; [...] en 1710, le 11 juillet à 71 a[...]

Gilbert, marquis de S[...] Poüange et de Villacerf, reç[...] janvier 1701, commandeu[...] grand trésorier des ordres du [...] mort le 23 octobre 1706 ; a ép[...] Marie de *Berthemet*, fille de [...] rent de Berthemet, maître [...] comptes, morte le 28 février 1[...] à l'âge de 85 ans. Inhumée [...] son mari dans leur chapelle si[...] l'église du couvent des Capuc[...] rue Neuve des Petits-Champs[...]

Simon, conseiller au Parlement, en 1638, aumônier du Roi.

Nicolas, auteur de la branche de Turgis.

lbert de Villacerf

ouard, marquis de Villacerf, aine au régiment de cavalerie illadet, tué à la bataille de el, le 11 avril 1677.

chel-François, marquis de ns, mestre de camp du régi- de Berry (cavalerie), tué au de Furnes, le 5 janvier 1693.

arles-Maurice, abbé de Saint- é-en-Gouffer, de Saint- e-le-Néaufle-le-Vieil, agent ral du Clergé.

rre Gilbert, chevalier de en 1676, capitaine de vais- en 1692, premier maître d'hô- madame la Dauphine, puis Reine, mort en mars 1733, se le 21 janvier 1696 Marie- leine de *Senneterre*, morte juin 1716, fille de Jean- les, comte de *Brinon*, ma- l des camps et armées du et de Marguerite de *Bauves*.

rguerite, morte le 27 décem- 696, mariée en 1688, à Jean- ste de *Montlezun*, marquis de neaux.

ne-Marie, née en juillet 1683, e le 6 juin 1740, mariée le ril 1705, à Charles-Louis de aunin, marquis de *Montal*, nant général et chevalier des s.

ançois Gilbert, marquis de anais, colonel d'un régiment valerie, brigadier puis maré- es camps, mort le 11 novem- 1719, a épousé le 24 mars Angélique d'*Escoubleau*, fille e de François, comte de is, chevalier des ordres.

Marie-Charlotte, née en 1696, mariée le 17 décembre 1714, à François-Emmanuel, marquis de *Courson*, né le 7 octobre 1694, mort le 27 septembre 1719.

Marie-Geneviève, mariée le 14 mai 1716, à Gilbert-Henri- Amable de *Vegny d'Arbouze*, comte de *Villemont*.

Marie-Anne, morte le 18 octo- bre 1723, mariée le 10 août 1722, à André-Joseph des *Friches de Brasseuse*, marquis *Doria*, capi- taine au régiment de cavalerie de Brissac.

Gabrielle-Claude, mariée à Phi- libert *Grollier*, marquis de *Treffort*.

François Gilbert.

Alexandre-Antoine, marquis de Colbert, né le 7 novembre 1705, marquis de Chabanais, maréchal de camp et lieutenant du roi du Comté Nantais, mort le 23 décem- bre 1765, a épousé le 23 janvier 1731, Marie-Jeanne *Colbert de Croissy*, née en 1716.

Claude-Théophile, comte de Cha- banais, sous-lieutenant de gendar- merie.

Louis-Henri-François, comte de Colbert, lieutenant du régiment des gardes françaises et lieutenant du Roi du Comté Nantais, marié le 30 décembre 1770, à Jeanne *David*, fille de *David*, ancien gouverneur général des Iles-de-France et de Bourbon et chevalier de Saint- Louis.

Antoine-Alexandre, vicomte de Chabanais, né le 14 décembre 1746, officier aux Gardes, mort en 176...

Et 4° Nicolas, auteur de la branche des *Colbert-Turgis*.

Jean-Baptiste *Colbert*, seigneur de *Saint-Poüange* et de *Villacerf*, maître des Comptes à Paris, Conseiller du roi au Conseil d'Etat et au Conseil Privé, Intendant de Justice en Lorraine, épousa en 1628 Claude *Le Tellier*, sœur de Michel *Le Tellier* (1), seigneur de Chaville, chancelier de France (2), dont il eut cinq enfants :

1° Edouard, né en 1628 ;

2° Michel, aumônier du roi, agent général du clergé, puis évêque de Mâcon, mort le 28 novembre 1676 ;

3° Gabriel, mort chevalier de Malte ;

4° Jean-Baptiste-Michel, évêque de Montauban, puis archevêque de Toulouse, mort le 11 juillet 1710, à l'âge de soixante et onze ans ;

5° Gilbert (3), marquis de Saint-Poüange et de Villacerf, secrétaire des commandements de la reine, reçu, en janvier 1701, commandeur et Grand Trésorier des Ordres du roi, mort le 23 octobre 1706. Il avait épousé Marie de *Berthenet* (4), fille de Laurent de *Berthenet*, maître des Comptes. Elle mourut le 28 février 1732 à l'âge de quatre-vingt-cinq ans et fut inhumée avec son mari dans la chapelle qu'ils possédaient dans l'église du couvent des Capucines, rue Neuve des Petits-Champs (5).

Edouard *Colbert* de *Villacerf* épousa Geneviève *Larcher*, fille du président *Larcher*, marquis d'*Esterney*, qui lui apporta en dot la partie du terrain acheté par son père en 1643, sur laquelle son époux fit bâtir l'hôtel du 23 de la rue de Turenne. Sans fixer la date certaine de sa construction on peut prétendre qu'elle eut lieu vers la fin de la première moitié du xviie siècle, et la preuve semblerait en être faite

---

1. Michel *Le Tellier*, fils de Michel *Le Tellier*, conseiller à la Cour des Aides de Paris et de Claude *Chauvelin*, fille de François *Chauvelin*, procureur général de la reine Marie de Médicis, épousa en 1629 Elisabeth *Turpin de Vaudredon*, de laquelle il eut François-*Michel Le Tellier*, marquis de *Louvois*. Il mourut le 30 octobre 1685 à l'âge de quatre-vingt-trois ans et fut enterré dans sa chapelle à l'église Saint-Gervais et Saint-Protais à Paris.

2. Jean-Baptiste *Colbert de Villacerf* recommanda à son beau-frère, Michel *Le Tellier*, son cousin germain, qui lui obtint une place dans les bureaux. Ce protégé fut le grand *Colbert*.

3. Consulter le tableau généalogique pour la descendance de Gilbert dont le fils créa la branche des Chabanais.

4. Voir *Lettres de Madame de Sévigné* (12 juin 1680) au sujet de l'accident de voiture dont cette dame fut victime.

5. Voir Piganiol de la Force, *Histoire de Paris*, t. II, p. 803, édition de 1742.

par un acte du 12 août 1660 d'après lequel Auguste *Servien*, prieur de Sainte-Catherine, autorise *Colbert* de *Villacerf* « à faire cons-
« truire, une petite porte pour entrer de sa maison où il est à présent
« demeurant, sise dans la rue de l'Egout, dans un jardin qui est
« dans l'enclos du prieuré. » (*Arch. Nat*. S 1024.) (1).

La façade de l'hôtel de style Louis XIII, cachée par un affreux bâtiment construit vers 1790, a conservé malgré les injures du temps, une assez belle allure. Quatre pilastres cannelés à chapiteaux ioniques soutiennent une corniche denticulée d'où partent quatre nouveaux pilastres à chapiteaux corinthiens, sur lesquels vient se reposer une corniche semblable à la première, mais surmontée d'un fronton circulaire denticulé.

Deux petits ailes de même style et de même disposition, sont surmontées d'un fronton demi-circulaire. Elles semblent disposées de manière à pouvoir être prolongées. Dans l'aile droite se trouve un escalier dont la rampe en fer forgé conserve encore les restes d'un beau travail de ferronnerie.

Une fontaine de pierre, ornée d'une niche contenant un sujet de fonte, est adossée à la façade. La date de sa récente construction (1881) est inscrite sur le côté droit. Elle est surmontée d'un fronton demi-circulaire dans lequel est enchâssée une tête de Neptune d'un travail ancien. Ce sont, sans doute, avec une tête de lion en pierre sculptée, servant actuellement de support à un pot de fleurs, les seuls vestiges provenant de l'ancienne porte cochère.

De l'intérieur de l'hôtel il ne reste rien ou presque rien, excepté quelques boiseries ou dessus de portes sans intérêt. Pourtant Colbert de Villacerf avait dû embellir sa demeure. Sa fortune, ses fonctions de surintendant des bâtiments du Roi et ses attributions comprenant la manufacture des tapisseries des Gobelins, lui avaient permis, sans doute, de meubler richement son hôtel. On peut en juger par la vente d'une série de dessus de portes, œuvre d'un peintre connu sous Louis XIV, dont nous n'avons pu retrouver le nom, et d'une grande tapisserie venant peut-être des Gobelins. Le tout, en effet, produisit une vingtaine de mille francs. Nous tenons ces précieux renseigne-

1. Voir pièce justificative, n° 4.

Etat actuel de l'Hôtel Villacerf
Rue de Turenne, 23

ments du précédent propriétaire de l'hôtel, M. *Hermann* qui vendit ces objets.

Quelques plaques de cheminée assez curieuses ont été trouvées dans l'hôtel. Une de celles-ci, qu'il nous a été donné d'examiner au lendemain de sa découverte, en décembre 1905, dans le corps de la cheminée de la pièce située au premier étage et faisant face à l'escalier, est très intéressante.

Cette plaque, plus haute que large, représente un soldat coiffé d'un bonnet de police et revêtu d'un uniforme hollandais. Il fume une longue pipe et se tient assis, le dos appuyé à un tonneau mis sur son fond. Un jeune garçon, tenant d'une main un verre de forme tulipe, lui présente de l'autre un plateau sur lequel est une bouteille à panse rebondie. De chaque côté de la plaque sont deux palmiers et des ceps de vigne chargés de raisins.

Derrière l'hôtel se trouve un jardin planté de quelques arbres, auquel on accède par un perron que dessert un double escalier tournant garni d'une assez jolie rampe de fer, pompeusement appelé escalier de Henri IV (1).

De son mariage avec Geneviève *Larcher*, *Colbert de Villacerf* eut six enfants :

1° Edouard, marquis de *Villacerf*, capitaine au régiment de Tilladet, tué à la bataille de Cassel le 11 avril 1677.

2° Michel-François, marquis de *Payens*, maître de camp du régiment de Berry, tué au siège de Furnes le 5 janvier 1693.

3° Charles-Maurice, abbé de Saint-André-en-Gouffer, de Saint-Pierre de Néaufle-le-Vieil, agent général du clergé.

4° Pierre-Gilbert.

5° Marguerite, morte le 27 décembre 1696, mariée en 1688 à Jean-Baptiste de Montlezun marquis de *Bezemeaux*, fils du gouverneur de la Bastille qui lui donna en dot 10.000 écus de rente.

6° Anne-Marie, née en juillet 1683, morte le 6 juin 1740, mariée le 21 avril 1705 à Charles-Louis de *Montfaunin*, marquis de *Montal*, Lieutenant-Général et Chevalier des Ordres.

Riche et considéré, le marquis de *Villacerf* était fort bien en cour ;

1. Cette partie de l'hôtel appartenait autrefois au jardin du prieuré. Elle fut achetée par Villacerf en 1677. Voir pièces justificatives n° 5.

sa parenté avec le chancelier Michel *Le Tellier* y contribua pour beaucoup. Le roi *Louis XIV* l'estimait particulièrement et récompensa largement ses bons services. C'est ainsi qu'à la mort de la reine *Marie-Thérèse* survenue en 1683, il lui donna 20.000 écus en échange de la vaisselle devant lui revenir à titre de premier Maître d'Hôtel (1). Le 1er août de la même année, le roi l'appela à une charge de création nouvelle, celle de Contrôleur général (2).

En 1691 il est l'objet de nouvelles libéralités et fut nommé par commission Surintendant des Bâtiments, charge dans laquelle se trouvait la direction des Gobelins. Cela lui rapportait 10.000 francs par an (3).

Le 5 janvier 1693, de Villacerf perdit son deuxième fils Michel-François (4), tué par un boulet au siège de Furnes aux côtés de M. de *Boufflers*. *Louis XIV*, touché de son malheur et en reconnaissance des services que lui rendirent ses deux fils morts à l'ennemi, lui fit offrir par l'archevêque de Reims, Charles-Maurice *Le Tellier*, frère de *Louvois*, le régiment de Berry pour celui de ses deux derniers fils qu'il désignerait ; mais aucun d'eux ne voulut changer de profession (l'un était abbé et l'autre capitaine de vaisseau). Alors le roi lui permit de vendre ce régiment à M. *Yolet*, capitaine de cavalerie, pour la somme de 25.000 écus (5).

Un brevet de justaupcorps (6) devint vacant par la mort du maréchal d'*Humières* ; le roi en fit don à de *Villacerf* (7) comme nouvelle preuve de l'estime qu'il avait pour lui (8). Et deux ans plus tard, en 1696, la charge de cornette de ses Chevau-Légers étant à vendre par suite du décès de son titulaire, le marquis de *Bézemeaux*, marié à la fille de *Villacerf*, *Louis XIV* permit à celui-ci de prendre une somme de 30.000 francs sur le prix de la vente au profit de sa petite-fille

---

1. Journal de Dangeau.
2. Journal de Dangeau.
3. Journal de Dangeau.
4. Il avait pris sous sa protection le marquis de Grignan, petit-fils de Mme de Sévigné. Voir les *Lettres de Mme de Sévigné* (11 octobre 1688 et suivantes).
5. Journal de Dangeau.
6. Le brevet de justaucorps fut créé par Louis XIV ; il donnait le droit de pénétrer près du roi en tout temps et de porter un habit bleu à galons d'or. Louis XV et Louis XVI ont octroyé des brevets semblables.
7. Journal de Dangeau.
8. Son successeur fut le comte de Rousy. Journal de Dangeau.

dont il était le tuteur (1). Puis il obtint le rétablissement sur les tapisseries venant de l'étranger, d'un droit qui avait toujours été au profit du surintendant des bâtiments. Ce droit se montait à 8.000 livres par an. Les fonds en ayant été faits pendant la guerre, le roi les fit donner à *Villacerf* ; cela se monta à 51.000 livres (2).

Son dernier fils Pierre-Gilbert, n'étant pas encore pourvu d'une charge à la cour, porta ses vues sur celle du premier maître d'hôtel de la Dauphine que son père proposa de lui acheter, mais elle coûtait 300.000 livres ; de *Villacerf* demanda une diminution au roi que celui-ci fixa à 100.000 livres. La duchesse de Bourgogne agréa Pierre-Gilbert qu'elle nomma à son emploi en mars 1698 (3).

MM. de *Villacerf* et *Massard* furent chargés par *Louis XIV* de la reconstruction de l'autel de l'église Notre-Dame de Paris (que son père avait décidé dans les dernières années de sa vie). Le roi leur confia 500.000 livres pour en assurer l'exécution, mais en spécifiant que cette somme ne devait en aucune façon passer par les mains du chapitre de cette église, et que, si elle n'était pas suffisante, il paierait le surplus. C'est dire la confiance que le roi avait en son dévoué serviteur (4).

Riche et considéré, de *Villacerf* ne fut pas à l'abri d'un incident, minime en lui-même et qui pourtant hâta sa fin, au dire de *Saint-Simon* : un de ses commis, appelé *Mesmyn*, fut accusé d'avoir détourné des sommes destinées au paiement de divers ouvriers d'une des manufactures de l'Etat. Il lui demanda de voir le roi pour le prier de lui envoyer des commissaires afin d'entendre ses explications. Ce furent MM. de *Beauvilliers* (5) et de *Chamillard*. L'enquête établit que les faits reprochés étaient exacts, mais le roi par considération pour son surintendant ne voulut pas infliger de punition. Cependant, par la suite, *Mesmyn* ayant tenu au sujet de sa justification de mauvais propos contre *Villacerf*, ce dernier obtint de le

1. Cette charge fut achetée par M. de Sannery, Journal de Dangeau.
2. Journal de Dangeau.
3. Journal de Dangeau.
4. *Ibid.*
5. Gouverneur du Dauphin.

faire enfermer au Fort-l'Evêque. Le voleur prit la fuite avant d'être arrêté (1).

Ces faits, dont *Colbert de Villacerf* n'était nullement responsable, joints à la maladie et à la vieillesse, le décidèrent à donner en 1698 sa démission de la charge de surintendant des Bâtiments du Roi qu'il ne pouvait plus exercer. Elle passa aux mains de *Fagon*, premier médecin du roi.

Louis XIV loua fort son procédé et en récompense de sa fidélité et de ses cinquante années de services à la Cour, il lui donna une pension de 12.000 francs (2). *Villarcerf* n'en jouit pas longtemps, car il mourut le 18 octobre 1699 à l'âge de soixante et onze ans et fut inhumé dans la chapelle qu'il possédait en l'église du couvent des Minimes du Marais (3). Sa femme Geneviève *Larcher* continua à habiter l'hôtel qui lui appartenait en partie, ainsi qu'il résulte d'un acte passé par-devant notaire, le 10 juillet 1700 (4) ; elle mourut en 1712 par suite de la maladresse d'un chirurgien qui, pour lui faire une saignée, lui ouvrit une artère au lieu d'une veine. Elle fut enterrée dans la même chapelle ainsi que son beau-frère, Jean-Baptiste-Michel *Colbert de Villacerf*, archevêque de Toulouse. Pierre Gilbert, dont nous parlerons plus loin, fils de la précédente, y reçut aussi les honneurs de la sépulture.

Piganiol de la Force parle en ces termes du lieu de la sépulture de la famille de *Colbert de Villacerf* dans sa *Description de Paris* (t. IV, p. 327) : « La chapelle de Saint-Michel et Saint-Saturnin renferme le corps de saint Saturnin qui fut donné par le cardinal Mazarin à M. d'*Emery*, surintendant des Finances, qui après l'avoir fait mettre dans une châsse d'ébène, le donna à ce monastère.

« Cette chapelle ayant été vendue dans la suite à Edouard *Colbert de Villacerf*, premier maître d'hôtel de la Reine *Marie-Thérèse d'Autriche*, et surintendant des bâtiments, jardins, arts et manufactures du Roi, on la nomma la chapelle de Villacerf, et elle appartient encore aujourd'hui à ses descendants.

1. Journal de Dangeau.
2. Journal de Dangeau.
3. Il ne reste plus du couvent des Minimes que les bâtiments qui servent actuellement de caserne de gendarmerie, rue de Béarn.
4. Voir pièce justificative n° 6.

« L'autel est décoré d'un bel attique, soutenu par deux colonnes de chaque côté, de festons de pampres de vigne chargés de grappes de raisins. Au couronnement de cet attique est un chérubin entouré d'ornements qui sont dans le même goût ; le tableau qui occupe le milieu, représente saint Michel, et a été copié d'après celui de Raphaël, qui est au château de Versailles.

« La chapelle est toute lambrissée d'une menuiserie assez bien poussée, et ornée d'ovales par compartiments et de festons de pampres de vigne. Ce lambris fut fait du temps que cette chapelle appartenait à MM. d'*Emery* ; MM. *Colbert de Villacerf* n'ont fait que le faire reblanchir et dorer.

« Comme c'est ici le tombeau de *Colbert de Villacerf*, on y voit un médaillon représentant Edouard *Colbert de Villacerf* et qui est un des plus beaux morceaux de sculpture que *Couslou* l'aîné ait jamais faits. Il est travaillé avec un art infini, et est comparable à ce que l'antique a de plus parfait. Il est enveloppé d'une draperie très heureusement jetée. Au-dessus sont les armes de M. de Villacerf, et deux licornes pour supports (1). Ces armes et supports sont de feu *Spingola*, sculpteur estimé. Le médaillon et les ornements de sculpture sont de métal doré.

« Au-dessous, dans un cartouche, est l'épitaphe qu'on va lire :

« Ici repose
« Haut et puissant seigneur,
« Messire Edouard *Colbert*, chevalier, marquis de *Villacerf* et de
« *Payens*, seigneur de Saint-Mesmin et autres lieux, conseiller du
« Roi en son Conseil d'Etat, premier maître d'hôtel de la Reine,
« surintendant et ordonnateur général des bâtiments et jardins, arts
« et manufactures de sa Majesté. Il entra fort jeune à la Cour et com-
« mença à s'y former sur les exemples et sur les ordres de M. le
« chancelier Le Tellier, son oncle, pour lors ministre et secrétaire
« d'Etat. Il fut pourvu de la charge de premier Maître d'Hôtel de la
« Reine, qu'il a exercée pendant la vie de cette Princesse. Le roi

1. Une couleuvre d'argent ondoyante sur champ d'azur.

« l'honora ensuite de la Surintendance de ses Bâtiments, où il donna
« les marques d'une fidélité parfaite envers Sa Majesté, et d'une équi-
« table charité pour les ouvriers ; enfin, accablé de maladies, Dieu
« lui inspira de quitter la Cour, où il avait vécu pendant plus de
« cinquante ans : il suivit les mouvements de cette grâce, et, profitant
« de cet intervalle, il s'appliqua uniquement à l'affaire de son salut ;
« et pour obtenir de la miséricorde de Dieu le pardon de ses péchés,
« il fonda en cette chapelle, conjointement avec Geneviève *Larcher*,
« son épouse, une messe pour tous les jours et à perpétuité. Il mou-
« rut le 18 octobre 1699, après avoir reçu en bon chrétien les sacre-
« ments de l'Eglise. Il a vécu soixante et onze ans. »

« Geneviève *Larcher*, sa veuve, lui a fait faire ce monument sur son tombeau où elle veut aussi être inhumée. Elle est décédée le 17 d'avril 1712.

« Edouard *Colbert de Villacerf*, dont je viens de rapporter l'épitaphe, était frère aîné de Gilbert Colbert, marquis de *Saint-Poüange* qui a été inhumé dans l'église des Capucines où il a un tombeau magnifique et de Jean-Baptiste-Michel *Colbert*, conseiller-clerc au Parlement de Paris, puis évêque de Montauban, et enfin archevêque de Toulouse. Ce dernier étant mort à Paris en 1710, fut inhumé dans la chapelle que je décris ici, et l'on y lit cette épitaphe :

« D. O. M.
« Hic Jacet

« Illustrissimus et Reverendissimus Pater in Deo D. D. Joannes
« Baptista, Michael *Colbert* Tolosanus Archiepiscopus, Regi ab
« omnibus Consiliis, in Occitaniæ Conventibus a præside primus ;
« qui ingenii sagacitate, in explicandis intricatissimis hujus Provin-
« ciæ rebus, consiliorum æquitate et gravitate, in generalibus
« Cleri Gallicani Comitiis, prudente severitate in administranda
« Diœcesi et servando inter Sacerdotes Pastores que disciplinæ
« Ecclesiasticæ tenore, in pauperes beneficentia et paterna charitate
« emicuit. Tandem Parisiis comitorium Cleri Gallicani Legatus,
« morte Justorum obiit die undecima Julii anno 1710 ætatis annum
« agens Septuagesimum primum. »

« Requiescat in pace. »

« Pierre-Gilbert *Colbert*, marquis de Villacerf et premier Maître d'Hôtel de la Reine, mort à Paris le 3 mars 1733, a été aussi inhumé dans cette chapelle. Il était fils d'Edouard dont je viens de rapporter l'épitaphe et de Geneviève *Larcher :* il avait servi dans la marine, et avait été fait Capitaine de vaisseau en 1692, ensuite il fut premier Maître d'Hôtel de Marie-Adélaïde de Savoie, duchesse de Bourgogne, puis Dauphine, morte à Versailles le 12 de février de l'an 1712. Lorsqu'on fit la Maison de la Reine épouse du Roi Louis XV, on lui donna la même charge qu'il a remplie jusqu'à sa mort. »

Pierre-Gilbert avait épousé, le 21 janvier 1696, Mlle Marie-Madeleine de *Senneterre*, fille de Jean Charles, comte de *Brinon* et de Marguerite de *Bauves*. La faveur dont avait joui son père rejaillit sur lui. Le roi le logea en 1699 à Versailles où il lui donna l'appartement de l'abbé de Castries, puis l'année suivante celui de M. de *Chamarande* (1). La duchesse de *Bourgogne*, princesse de sang royal, honora de son amitié Mme Pierre-Gilbert et l'admit dans son carosse au grand émoi des courtisans. Cet honneur tourna un peu la tête à la jeune femme qui se crut dispensée d'étiquette et prétendit entrer chez la Dauphine sans se faire annoncer. Elle eut à ce sujet une petite pique avec Mme la Duchesse de *Lude*, mais elle convint de son tort et l'affaire fut terminée (2).

La dernière fille d'Edouard Colbert de Villacerf, Anne-Marie, née en 1693, se maria le 21 avril 1705 avec le marquis de *Montal*. Le roi signa au contrat de mariage. L'union des deux époux s'accomplit sous d'heureux auspices ; elle épousait un jeune homme de grand nom et de grande fortune qui lui apporta en dot 25.000 écus de rente en fonds de terre ; et de son côté elle mit dans le ménage 100.000 écus. Leur mariage fut béni par l'archevêque de Toulouse, oncle de la jeune femme (3).

En janvier 1707, la petite-fille de Villacerf, Mlle de *Bezemeaux* se

1. Journal de Dangeau.
2. Journal de Dangeau.
3. Journal de Dangeau.

maria avec le duc de *Saint-Aignan*. La noce se fit chez sa grand'-mère à l'hôtel de la rue de l'Egout.

Pendant le séjour que firent à Fontainebleau le dauphin et la dauphine, il y eut un grand couvert, c'est-à-dire que le repas fut servi avec tout le cérémonial décrit par Dangeau dans son Journal.

« Depuis la mort de monseigneur le roi a accordé à Mme la Dauphine, la nef, le cadenas, le bâton de maître d'hôtel et la musique (1).

« Elle mangea la première à son grand couvert comme dauphine le 2 août et elle fut servie par M. le marquis de *Villacerf*, son premier maître d'hôtel, et le 10 elle fut servie aussi à son grand couvert mais par M. de la *Croix* son deuxième maître d'hôtel.

« Il se rendit à la bouche avec ses officiers, lava ses mains ; le contrôleur général et gentilhomme servant les lavèrent aussi.

« L'écuyer ordinaire de la bouche lui présenta une assiette sur laquelle il y avait des mouillettes de pain ; il en prit deux avec lesquelles il toucha tous les mets les uns après les autres. Il en donna une à manger à l'écuyer de la bouche (2), puis il prit son bâton des mains de l'huissier de bureau qui l'avait apporté, puis la marche commença en cet ordre : un garde du corps du roi ayant la carabine sur l'épaule ; un huissier de salle et un huissier de bureau ; M. de la Croix marchait derrière ayant son bâton de maître d'hôtel à la main ; un gentilhomme servant et le contrôleur portant chacun un plat ; l'écuyer de la bouche et les officiers de la bouche, en portant aussi chacun un, marchaient ensuite. Lorsqu'ils furent arrivés à la table où tout était prêt, M. de la Croix fit mettre les plats sur la table où un gentilhomme qui était de garde au prêt fit un nouvel essai de chaque plat et donna la mouillette dont il avait fait l'essai à chacun de ceux qui avaient porté les plats, après quoi M. de la Croix les fit mettre sur la table par les gentilshommes servants. Il alla ensuite, ayant son bâton à la main, avertir Monseigneur le Dauphin et Mme la Dauphine ; puis il revint à la table où il attendit Monseigneur le Dauphin.

1. Le cadenas était un coffre d'or ou de vermeil qui contenait le couteau, la fourchette, la cuillère, etc., servant au Roi ou à la Reine. Quant à la nef c'était un vase de vermeil en forme de navire où l'on mettait les serviettes dont le Roi et la Reine devaient se servir à table.
2. C'est ce qu'on appelait « faire le prêt. On voulait montrer par cette coutume, que les vases contenant la nourriture n'étaient pas empoisonnés. »

« Dès qu'il parut il mit son chapeau et son bâton dans les mains du chef du gobelet, et présenta à ce prince une serviette mouillée qui était entre deux assiettes d'or pour se laver les mains. Il prit ensuite une autre serviette mouillée aussi entre deux assiettes d'or qu'il présenta de même à Mme la Dauphine. Un gentilhomme servant présenta aussi une serviette mouillée entre deux assiettes à Madame qui mangea pour la première fois avec Mme la Dauphine à son grand couvert. Alors M. de la Croix reprit son bâton et son chapeau et retourna à la bouche, précédé seulement d'un garde du corps et de deux huissiers. L'essai du second service ne se fit point à la bouche, mais au prêt où était la nef. Il se plaça ensuite au côté droit du fauteuil de Monseigneur le Dauphin et il resta pendant tout le repas ayant toujours son bâton à la main. Les gentilshommes servants firent le même service que chez le roi. Il y avait à ce repas une grande assemblée de dames. Il y en avait treize qui avaient le tabouret, les autres étaient debout. Monseigneur le Dauphin et Mme la Dauphine tinrent ensuite un cercle de dames comme chez le roi après son souper, cérémonie qui se fait pour les remercier. »

De son mariage avec Mlle de *Senneterre*, Pierre-Gilbert *Colbert* de *Villacerf* eut quatre filles :

Marie-Charlotte née vers la fin de l'année 1696, mariée à François Emmanuel, marquis de *Courson*, le 17 septembre 1714, morte le 27 septembre 1719, laissant une fille et deux fils.

Marie-Geneviève, mariée le 14 mai 1716 à Gilbert Henri Amable de *Vigny* d'*Arbouze*, comte de Villemont dont elle eut un fils et une fille.

Marie-Anne, mariée le 10 août 1722 à André Joseph *Des Friches* de *Brasseuse*, marquis *Doria*, morte le 10 octobre 1723, laissant un fils.

Gabrielle-Claude, mariée à Philibert *Grollier*, marquis de *Treffort*.

Ici s'éteint le nom des *Colbert* de *Villacerf*, son dernier représentant Pierre Gilbert n'ayant pas laissé de descendance mâle. A sa mort, survenue le 3 mars 1733, l'hôtel (1) devint la propriété de ses enfants et petits-enfants qui le vendirent le 12 juin 1755 à Mme *Taschereau*

1. Pierre Colbert n'habitait pas cet hôtel, il logeait place Royale dans l'immeuble portant actuellement le n° 11 de la place des Vosges.

de *Baudry*, qui ne le conserva que quelques années, car ses héritiers le cédèrent le 28 août 1773 à Jean-Antoine *Lesueur Florent*, bourgeois de Paris, pour le prix de 62.000 livres y compris 2.000 livres formant le capital d'une rente foncière de 100 livres à faire aux religieux de Sainte-Catherine du Val des Ecoliers (1).

Lesueur Florent, entrepreneur des Ponts et Chaussées, demeurait rue Culture-Sainte-Catherine dans une maison dont il était propriétaire et qui était située juste derrière l'hôtel Villacerf ; et, pour ne former qu'un tout avec sa nouvelle acquisition, il déclarait par acte en date du 5 octobre 1776 avoir acheté au prieur de Sainte-Catherine une bande de terrain de neuf pieds de long sur trois de large moyennant une rente annuelle de six livres. De plus, il faisait connaître qu'il avait pris, sur le jardin de l'hôtel, un espace de treize toises de long sur neuf toises de large afin de former un jardin et une cour de décoration pour sa maison de la rue Culture-Sainte-Catherine (2). (Arch. Nat. S. 1024.)

Le sieur Lesueur revendit l'hôtel Villacerf le 2 septembre 1793 à Pierre-Nicolas *Tailleboscque*, mercier à Paris, rue de la Haumerie (3), pour la somme de 70.000 livres y compris la rente foncière de 100 livres (4). Il y a augmentation de 8.000 livres sur le prix de l'acquisition précédente, mais ce changement est justifié par la construction faite sur l'ordre de *Lesueur*, du bâtiment donnant sur la rue de l'Egout et par la diminution du terrain pris pour l'agrandissement du n° 26 de la rue Culture-Sainte-Catherine.

L'acte de vente porte, en effet : L'immeuble consiste en un *grand corps de bâtiment avec ailes*, un *autre corps de logis sur le derrière* (l'hôtel Villacerf), remises, écuries, jardins et autres dépendances.

En outre, dans l'acquisition sont compris :

1° Cinq lignes d'eau faisant moitié de dix lignes à prendre au regard de la fontaine d'eau devant Sainte-Catherine dont la concession a été

1. Archives de la Seine. Lettres de ratification n° 21, 8. Voir pièces justificatives n° 7 et 7 *bis*.
2. Cette maison porte le n° 26 de la rue de Sévigné. Lefeuve l'indique à tort comme étant l'hôtel Villacerf qu'on voit effectivement de la cour de l'immeuble, mais c'est la partie donnant sur le jardin de cet hôtel. Lefeuve paraît ignorer qu'il y a une façade située sur la rue de l'Egout.
3. La rue de la Haumerie existait déjà en 1300. Elle allait de la rue Saint-Denis à la rue de la Savonnerie.
4. Pièce justificative n° 8.

faite par devant le bureau de la Ville de Paris, aux différents propriétaires de ladite maison ;

2° Le réservoir dans lequel cinq lignes d'eau viennent se décharger (1).

En 1822 un nouveau propriétaire acquiert l'hôtel Villacerf ; c'est une dame *Larbaletrier* qui le laissa par héritage à un sieur *Hamel* qui le revendit le 10 septembre 1822 à une dame Noël Jeanne Marie de *Pillas*, dite *Piat*. (*Archives de la Seine*, S. 2275.) (2).

Le 9 avril 1827 un nouvel acquéreur, *Barthélemy* Remy, marchand de vins, rue Poissonnière, n° 29, possède l'ancienne demeure seigneuriale jusqu'en 1839, époque de sa mort, et sa veuve fit adjuger l'hôtel le 20 juin 1840 au prix de 153.429 francs, à M. *Hermann* Constant, négociant, rue Quincampoix, décédé le 20 novembre 1855. Il laissait l'immeuble à son père et à ses deux frères Louis et Emmanuel.

M. Louis *Hermann* acheta à son tour l'hôtel Villacerf le 3 mai 1856. (*Archives de la Seine*, S. 2275.) La superficie en était de 1.543 m² 50 comprenant 725 m² 30 pour les bâtiments, 221 mètres carrés pour la cour et 597 m. 20 pour le jardin, sur lequel ne s'élevait pas à cette époque la petite construction qui s'y trouve actuellement.

Le propriétaire actuel de l'hôtel, M. *Baudon*, l'acquit, en 1875, de M. *Hermann*.

L'hôtel *Colbert de Villacerf* ayant abrité pendant un siècle des membres de la célèbre famille de *Colbert*, qui donna à la France un grand homme d'Etat et un grand patriote, plusieurs ministres et généraux et fut alliée aux *Tellier* ainsi qu'à beaucoup de familles non moins célèbres, eut la même destinée que les autres hôtels du Marais. La mode, puis l'envahissement alors toujours croissant du commerce dans cette partie de Paris enserrée d'un côté par la Bastille et l'Arsenal et de l'autre par les remparts s'étendant de la porte Saint-Antoine à la porte du Temple, ont obligé les grands seigneurs du Marais à se réfugier à l'ouest de la ville, où des terrains immenses leur offraient

---

1. Le pouce d'eau était la quantité d'eau s'écoulant par une ouverture circulaire d'un pouce de diamètre faite à l'un des côtés du réservoir et à un pouce au-dessous du niveau de l'eau, ce qui produisait environ 19 mètres cubes d'eau en vingt-quatre heures. La ligne d'eau étant la cent-quarante-quatrième partie d'un pouce, c'était donc 660 litres d'eau que pouvaient dépenser journellement les habitants du 23 de la rue de Turenne.
2. Pièce justificative n° 9.

des emplacements vastes et commodes pour édifier de somptueuses demeures.

Une légende, que plusieurs auteurs n'ont pas hésité à transformer en fait historique, dit que Jeanne d'*Albret*, reine de Navarre, a donné le jour à une fille (quelques-uns disent un fils) à l'hôtel Colbert de Villacerf. On désigne même la chambre où l'événement eut lieu.

Cette princesse fut mère de quatre enfants. Deux fils moururent en bas âge par suite d'accidents (1) ; le troisième devint *Henri IV* et le dernier fut une fille, Catherine de *Bourbon*, née le 7 février 1558 et mariée le 30 janvier 1599 à Henri de *Lorraine*, duc de *Bar*.

Quand elle venait à Paris, Jeanne d'*Albret* habitait l'hôtel des Rois de Sicile (2) qui portait alors le nom d'Evreux ou de Navarre, et *Félibien*, qui passe pour un auteur sérieux, dit dans son *Histoire de la Ville de Paris*, tome I, page 62, qu'Antoine de *Bourbon*, sa femme Jeanne d'*Albret* et Henri de *Navarre* leur fils, habitèrent longtemps l'hôtel d'Evreux ou de Navarre. Catherine de *Bourbon* étant née seulement cinq ans après son frère Henri, il est de toute

---

1. Hardouin de Péréfixe, évêque de Rodez et ancien précepteur de Louis XIV, dit à ce sujet dans son livre intitulé *Histoire de Henry le Grand*, page 13, édition de 1662 :

« Les deux jeunes époux eurent dans les trois ou quatre premières années de leur mariage deux fils qui moururent tous deux au berceau par des accidents assez extraordinaires. Le premier étouffa de chaleur, parce que sa gouvernante, qui était frileuse, le tenait trop chaudement ; le second perdit la vie par la sottise d'une nourrice, car un jour comme elle se jouait de cet enfant avec un gentilhomme et qu'ils se le baillaient l'un à l'autre, ils le laissèrent tomber par terre, dont il mourut en langueur. Le ciel ôta ainsi ces deux petits princes pour faire place à notre Henry qui méritait bien d'avoir le droit d'aînesse et d'être l'unique. »

2. Cet hôtel fut appelé successivement :
Hôtel des Rois de Sicile, vers 1266.
Hôtel d'Alençon vers 1292.
Hôtel de Saint-Paul (deuxième du nom) acquis le 26 mai 1390 par Charles V en supplément de son premier hôtel de Saint-Paul, pour lui servir à s'habiller lors des joutes faites à la Culture-Sainte-Catherine (Place des Vosges actuellement).
Hôtel d'Evreux ou de Navarre avant 1572.
Hôtel Roquelaure.
Hôtel de Longueville ou de Saint-Paul (comte de Saint-Paul).
Hôtel Bouthillier, comte de Chevigné, lequel le légua à sa fille Renée, mariée à Henri-Jacques de Caumont, duc de la Force.
L'hôtel fut vendu ensuite en deux lots :
Le premier lot fut acquis par Jacques Poultier, intendant des Finances, mort en 1711, et le second par les Frères Pâris de Montmartel ; puis il passa aux mains de Mlle Toupel, laquelle le vendit à M. d'Argenson pour y établir la prison de la Force démolie en 1854.
(Voir Félibien, tome III, page 251 et tome IV, page 270, Piganiol de la Force et Béraud et Dufay, *Dictionnaire de Paris*.)

probabilité qu'elle a vu le jour dans cet hôtel. Mais si l'on ne peut être affirmatif sur le lieu de sa naissance, il est permis néanmoins d'avoir sur ce point d'histoire des présomptions qui peuvent devenir des certitudes.

En effet, en 1558, la rue de l'Egout n'existait pour ainsi dire que de nom, quelques maisons à chacune de ses extrémités en marquaient le tracé ; l'égout n'était pas couvert. Comment supposer qu'une princesse telle que Jeanne d'*Albret* ait pu habiter une pareille rue ? Il ne faut pas y songer un seul instant sans s'apercevoir que c'était chose impossible.

De plus, en admettant même l'existence d'un hôtel sur l'emplacement duquel *Colbert de Villacerf* aurait construit le sien, les auteurs qui se sont occupés de l'histoire du Prieuré de Sainte-Catherine en auraient parlé, et surtout on retrouverait aux Archives Nationales des documents s'y rapportant ; or il n'y a rien !

Avant de terminer cette notice nous ferons remarquer que depuis trente ans l'hôtel Colbert de Villacerf n'a servi d'asile qu'à des maisons d'éducation. Les Pères de l'Oratoire avant d'aller s'établir à l'hôtel Fieubet, quai des Célestins, y avaient fondé leur école Massillon. Les frères de la Doctrine Chrétienne qui leur succédèrent l'ont habité pendant quinze ans ; et actuellement ses vastes locaux sont occupés par l'internat de la Société anonyme des Anciens Etablissements Pigier.

PIÈCES JUSTIFICATIVES

*Pièce justificative n° I*ᵃ

Archives Nationales. — Q 1* 1099 (10 D)

Procès-verbal de bornage du 31 août 1676.

Rue de l'Egout

1. — Entrant dans la rue Saint-Antoine à main droite. — La maison faisant le coin de la rue de l'Egout et de celle Saint-Antoine appartient à M. le marquis de *Croissy* occupée par M. *Vérité*, marchand de vins et a pour enseigne : *Le Plat d'étain ;* ladite maison est portée sur la feuille de la rue Saint-Antoine.
2. —Derrière de l'hôtel de *Chaulnes*, de la place Royale.
3. — Derrière de l'hôtel de Mgr l'évêque de *Toulouse*.
4. — Derrière de l'hôtel de *Rohan*.
5. — Derrière de l'hôtel de *Moüy*.
6. — Derrière de la maison *Carrel*, de la place Royale.
7. — Derrière de la maison de M. Conotin, est la dernière, le coin venant à main droite du côté de la place Royale.
8. — Grande maison faisant quatre boutiques et l'autre coin de la rue de l'Egout et de l'Echarpe, appartient à Mᵐᵉ Boudaut, y demeurant.
9. — Grande maison à porte cochère appartient à M. de *Villacerf;* y demeurant.
10. — Maison faisant deux portes cochères, appartient à Mᵐᵉ Rossot, demeurant rue Saint-Denis, occupée par M. Sainsfray, intendant de M. de Villacerf.
11. — Maison à porte cochère appartient à M. de Rohan où sont ses écuries et ses équipages.
12. —Grand mur qui est le derrière du couvent des religieux de Sainte-Catherine.

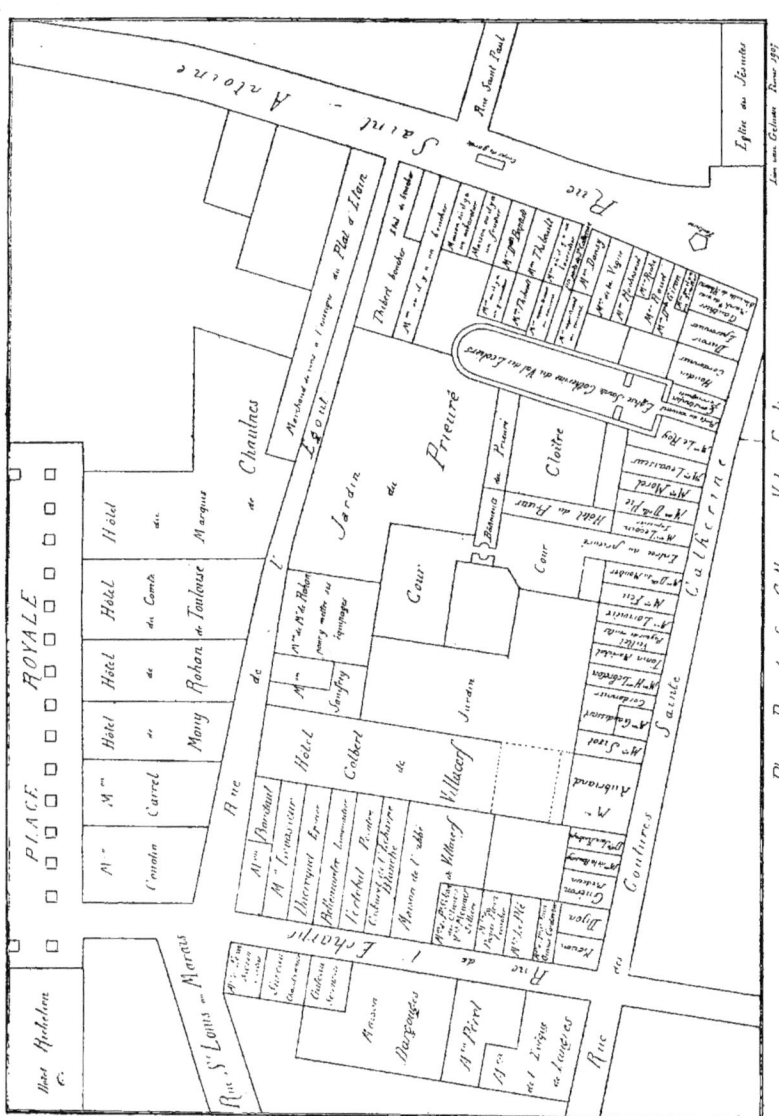

13. — Maison et dernière faisant le coin de la rue de l'Egout et de celle Saint-Antoine, appartient aux religieux de Sainte-Catherine et est occupée par Thibert, boucher, ladite maison est portée sur la feuille de la rue Saint-Antoine.

Censier de Sainte-Catherine du Val des Ecoliers-Maison et derrière faisant les coins de la rue de la Culture Sainte Catherine et du Parc Royal appartient à M. de Saint-Hilaire non occupée. Que cette maison a été bâtie sur l'emplacement du Jeu de Paumes duquel emplacement il y a 4 pieds, 4 toises en entrant dans la rue du Parc-Royal suivant procès-verbal du bornage du 31 août 1676.

Pièce justificative n° 1^b

Rue de l'Echarpe

Censier de Sainte-Catherine du Val des Ecoliers,
procès-verbal de bornage du 31 août 1676

1. — Maison faisant le coin en entrant à main droite par la rue Saint-Louis, appartient à Mlle Bruant, occupée par M. Morin-Cartier et a pour enseigne : *Le Héron*.

2. — Maison et deux boutiques, appartient à M. Villedot, occupée par M. Sureau, chaudronnier.

3. — Maison et boutique appartenant à Mme Dargouges, occupée par Gâteau, serrurier.

4. — Maison à porte cochère appartient à M. Dargonges, y demeurant.

5. — Maison à porte cochère, appartient à M. l'abbé Vallot, occupée par M. Pérot.

6. — Maison faisant le coin de la rue de l'Echarpe, appartient à M. Danjean, occupée par Mgr l'Evêque de Langres.

7. — Maison faisant l'autre coin de la rue de l'Echarpe, ayant une boutique, appartient à M. Dijon, y demeurant.

8. — Maison et trois boutiques appartenant aux héritiers Giroux, occupée par Giroux, cordonnier et à l'enseigne du *Petit Saint-Jean*.

9. — Maison avec boutique, appartient à M. Le Plé y demeurant.

10. — Maison et boutique appartient à M. Riole, occupée par M. Levacher : *Le Panier Fleury*.

11. — Maison à porte cochère et boutique, appartient à M. de Saint-Civan, occupée par la Vve Meunier, sellière, et à l'enseigne du *Petit Saint-Jean des Oliviers*.

12. — Maison à porte cochère et deux boutiques appartient à Mme Tortebat et est occupée par l'abbé de Villacerf.

13. — Maison et boutique appartient à M. Mignon, occupée par Mme Morisset, marchand de vins à l'enseigne de l'*Echarpe blanche*.

14. — Maison et boutique appartenant à M. Tortebat, peintre, y demeurant.

15. — Maison et boutique appartenant aux héritiers Laniet, occupée par M. Bellemontre, limonadier.

16. — Maison et boutique appartenant aux héritiers Baroy, occupée par Ducroquet, épicier.

17. — Maison et deux boutiques appartient à M. de Villacerf, occupée par M. Levasseur.

18. — Maison faisant le coin de ladite rue et de l'Egout, appartient a Mme Bodan, y demeurant, à l'enseigne du *Panier Fleury*.

Pièce justificative n° 1^e

Rue Culture-Sainte-Catherine

Censier du Prieuré de Sainte-Catherine des Ecoliers suivant procès-verbal de bornage du 31 août 1676.

1. — Maison faisant le coin de la rue et de celle de Saint-Antoine, l'image Sainte-Catherine est sculptée dans le mur ; appartient aux religieux et est occupée par M. Gauthier, marchand de vins à l'enseigne de la *Ville de Rheims*.

2. — Maison à boutique, appartient à l'abbé Servuin, occupée par Duroir, éperonnier.

3. — Maison à boutique, appartient à l'abbé Servuin, occupée par Houdin, cordonnier.

4. — Maison à porte cochère et boutique, appartient aux religieux, occupée par Constantin, perruquier.

5. — Est la porte du Couvent desdits religieux de la Culture-Sainte-Catherine.

6. — Maison à porte cochère et deux boutiques appartient à M. Le Roy, y demeurant.

7. — Maison à porte cochère et deux boutiques appartient à M. Levasseur, y demeurant.

8. — Maison à porte cochère et deux boutiques appartient à M. Morel, y demeurant.

9. — Maison à porte cochère, appartient à Mlle Pié, occupée par M. André, charron.

10. — Maison à porte cochère et deux boutiques, appartient aux héritiers de l'abbé Lebert, occupée par Lecoin, tapissier.

11. — Maison à porte cochère, faisant l'entrée du Prieuré de la Culture-Sainte-Catherine.

12. — Maison à porte cochère, appartenant à M. de Soussancour, occupée par Mlle du Moutier.

13. — Maison à porte cochère, appartenant à M. Feu, y demeurant.

14. — Maison à porte cochère, appartenant à M. Nigy, occupée par M. Larivière.

15. — Maison à porte cochère, appartenant aux Religieux, occupée par M. Veillet, payeur de rentes.

16. — Maison avec boutique, appartient à M. Dendron, occupée par M. Tonin, maréchal.

17. — Maison à porte cochère, appartient aux héritiers Lebreton, y demeurant.

18. — Maison à porte cochère, appartient à M. Jeantay, occupée par Gaudissart, cordonnier.

19. — Maison avec porte cochère, appartient à M. Sizot, y demeurant.

20. — Maison à porte cochère, appartient à M. Aubriand, y demeurant.

21. — Maison et boutique appartient à Mlle Juin Bontemps, y demeurant.

22. — Maison à porte cochère, appartient aux héritiers Launay, occupée par M. de la Houssaye.

23. — Maison et deux boutiques, appartient à M. Payen, occupée par M. Guérin, médecin.

24. — Maison faisant le coin de ladite rue et celle de l'Echarpe, appartient à M. Dijon, y demeurant.

25. — Maison à porte cochère faisant l'autre coin de la rue de l'Echarpe, appartient à M. Donjeau et est occupée par l'évêque de Langres.

26. — Maison à porte cochère, occupée par Mlle Maganaille, appartient à M. de Gourgues.

27. — Maison à porte cochère, le marquis de Cailly y demeurant.

28. — Maison à porte cochère, appartient à la marquise de Congy, occupée par M. Besnard.

29. — Maison à porte cochère appartenant à Mlle de Pomponne, occupée par M. Noblet.

30. — Maison à porte cochère, appartient aux héritiers Fénaux, y demeurant.

31. — Maison à porte cochère, appartient à M. Lieuvry, occupée par M. Diry, secrétaire du roi.

32. — Maison à porte cochère, appartient à M. Mazain, y demeurant.

33. — Maison à porte cochère, appartient à M. Gabriel, trésorier des bâtiments.

34. — Maison à porte cochère et dernière de ce côté faisant le coin de la dite rue et du Parc-Royal, appartient à M. Saint-Hilaire, secrétaire du roi.

35. — Maison à porte cochère faisant le coin des rues de la Culture et du Parc-Royal est la première en retournant à droite, appartient à M. Legay, y demeurant.

36. — Maison à porte cochère, appartient à M. Lepelletier de Souzy, y demeurant.

37. — Est le couvent des Filles bleues de l'Annonciade.

38. — Maison à porte cochère faisant le coin de ladite rue et de celle sans porte, appartient à M. Bruney de Rancy y demeurant.

Coin de la rue Sans Porte

39. — Est le derrière du jardin de l'hôtel d'Angoulême, faisant l'autre coin de la rue Sans Porte ; appartient à M. le président Lamoignon.

40. — Est le derrière de l'hôtel Saint-Paul, appartient à M. Poultier, fermier général, y demeurant.

41. — Maison à porte cochère et deux boutiques, M. Pinon, y demeurant.

42. — Maison à porte cochère et deux boutiques, appartient à M. Pinon, occupée par la veuve Hauvin, teinturière en soie.

43. — Maison faisant une boutique, appartient à M. Pinon et occupée par Mallet, éperonnier.

44. — Maison et derrière à deux boutiques, faisant le coin de ladite rue et de celle Saint-Antoine, appartient à M. Pinon et est occupée par M. Félix, chapelier, a pour enseigne : *Le Soleil de la France* et attendu qu'elle a sa principale entrée sur ladite rue Saint-Antoine est portée ici pour mémoire seulement.

Pièce justificative, n° 1^d

Rue Sainte-Antoine
Procès-verbal de bornage, 31 août 1676

Maison et boutique où il y a un étal de boucher, faisant l'autre coin de la rue de l'Egout, appartient au couvent de la rue Sainte-Catherine.

Maison où il y a un boucher, appartient au couvent Sainte-Catherine.

Maison où il y a un cabaretier, appartient au couvent Sainte-Catherine.

Maison et boutique où demeure un fruitier, appartient au couvent Sainte-Catherine.

Maison sur le derrière où demeure un grainetier, appartient à M. Imbert, demeure rue Grand-Chantier au Marais.

Maison et boutique où demeure un marchand de livres, appartient à Mlle Baptiste, qui y demeure.

Maison sur le derrière, appartient à M. Thibault.

Maison et boutique occupée par un maréchal, appartient à M. Thibault, qui y demeure.

Maison et boutique occupée par un bourrelier, appartient aux religieux de Sainte-Catherine.

Maison sur le derrière, appartient audit prieuré de Sainte-Catherine.

Est la petite porte de Sainte-Catherine.

Maison aussi sur le derrière, appartient aussi audit Prieuré.

Maison est une porte cochère, appartient à M. Dausy, qui y demeure.

Maison est une porte cochère, appartient à M. de la Vigne.

Maison est une porte cochère, appartient à M. Rochesout qui y demeure.

Maison est une porte cochère, où demeure M. Riché, qui lui appartient.

Maison et porte cochère *idem*.

Maison et boutique où demeure un vanier, appartient à Mlle Rouet.

Maison et boutique, appartient à Mlle Giron, occupée par un fruitier.

Maison où demeure un traiteur, lui appartenant.

Etc., etc.

Pièce Justificative n° 2

Procez-verbail et Rapport (1) faict pour le nettoyement et pavaige de la ville, fauxbourgs et banlieuë de Paris, avecq l'ordre nécessaire pour bien deûement faire le dict nettoyement et pavaige.

L'an mil six cens trente six, le vingt ungniesme jour d'avril et autres jours ensuivans, nous *Anne de Beaulieu*, sieur de *Saint-Germain*, controolleur ordonné, commis et dépputé par commission du roy en datte du troisiesme avril audit an portant pouvoir général et spécial de controolter et avoir regard, l'œil et le soing sur tous les contractans et entrepreneurs du nettoyement des boües et immondices, que pavaige de la ville, fauxbourgs et ban-

---

1. Félibien, tome IV, p. 120[a].

lieue de Paris, présens et advenir, suivant qu'il est amplement porté et spécifié par la dite commission etc. ; dont le sieur le Picart nous a dit estre le commissaire général et le principal entrepreneur du nettoyement des dites bouës et du pavaige du dit Paris, au moyen du traicté et contract à lui fait au conseil de Sa Majesté aultant duquel il a mis en nos mains et qu'il avait en vertu d'icelluy fondit, contract associé avec luy maistres Martin Hacquevier Tabouret notaires et maistres Zacharie Formé et Aubry et ensemblement pris chacun leur département de toute la ville et fauxbourgs du dit Paris, divisée par leur ordre en sept parties, dont les dits de Picart, Hacquevier, Tabouret, Formé et Aubry se sont réservés tout ce qui est au deça de la rivière de Seine, du costé de la rue Saint-Denys, divisé aussy en cinq parties et tout ce qui est au delà de la rivière du costé de l'université y comprins la cité et l'isle Nostre-Dame, avec le reste des fauxbourgs, qu'ils nous ont dit avoir baillé à ferme aux nommés Mesnager et Claude Laurens, pour faire les nettoyements seulement, et non l'entretien du dit pavaige ; que nous avons veûz les uns après les autres ainsi qu'il s'en suit.

Premièrement

QUARTIERS SAINT-PAUL, SAINT-ANTOINE, DES MARETZ ET VIEILLE RUË DU TEMPLE

Et le dit jour vingt-ungnième jour d'avril, en présence du sieur Le Picart, nous sommes transportés en la maison du sieur Boue, marchand drappier demeurant rue Saint-Anthoine, le bourgeois notable commis et députté pour avoir regard en son quartier sur le nettoyement des bouës et immondices et pavaige d'icelluy, aux fins de nous assister en cette visitation, suivant et ainsi qu'il est porté par la dite commission de Sa Majesté, auquel lieu nous a été dit par son facteur qu'il n'estait de présent en cette ville et qu'il estait allé aux champs pour quelques jours. Et continuant nostre dite visite, nous avons chargé le dit le Picart de nous faire voir exactement toutes les rues des quartiers susdits de Saint-Paul, etc... Et nous avons commencé.

En la grande Rue Saint-Anthoine contenant depuis le quarre-four de la rue Geoiffroy-l'Asnier jusques à la porte Saint-Anthoine, laquelle avons trouvé en quelques endroits nette, et en d'autres pleines de bouës et immondices ; et en outre devant diverses maisons veu plusieurs taz d'ordures comme vuidanges de caves, gravois, fumiers, cendres et maschefers, que ledit Le Picart a dit et soutenu n'estre tenu ny subjet de les oster, n'estant comprises dans son contract et traitté avec Sa Majesté en son conseil ; mais que c'estait à faire aux propriétaires des maisons d'où ils sortaient, suivant les règlements de police.

Rue de Jouy, etc...

Les quatre rues des advenues de la dite place Royale, la plus part d'icelles veû ordres et salles.

Rue de l'Echarpe blanche, dans laquelle avons veû ung attelier de pauvres qui semble empescher que l'on ne puisse à présent oster les bouës et immondices qui y sont à présent : ce que néangmointz le dit le Picart s'est chargé de faire faire au plustost ; au bas de laquelle est ung esgoust qui entre dans le dit grand acqueduc ou esgoust couvert susdit.

Rue de l'Esgoust couvert allant depuis le carre-four Saint-Paul jusques à la porte du Temple, laquelle rue avons trouvée pleine d'immondices et bouës à demy seiches, mises sur un des costés de la dite ruë et l'embouchure de l'esgoust ou acqueduc bouché par le moyen des dites boues, qui fait que l'eau n'ayant son coulement par dedans le dit esgoust, regonfle jusques au haut de la dite rue, qui cause une grande vapeur puante qui pourrait causer quelque contagion aux habitans des environs de la dite rue ; c'est pourquoy m'ont les ditz habitans requis de faire faire le dit nettoyement d'icelle rue, et le desbouchement dudit esgoust en bref ; ce que sur ce subject de plainte le dit Picart a promis de le faire faire au plus tost en ce qui est de la dite embouchure seulement, et non plus avant, disant n'y estre obligé pour ce que le dit esgoust est encombré et plein d'immondices auparavant son traité ; ce que pourtant il serait très nécessaire de faire nettoyer le dit esgoust d'un bout à l'autre auparavant que d'y laisser accumuler davantage d'immondices, que l'on ne pourra sans difficultés oster sans rompre le dit acqueduc, qui causerait une perte de deniers qui se peuvent espargner par la diligence qui sera apportée au nettoyement du dit esgoust.

Rue Sainte-Catherine aucunement nette, sinon que en quelques endroits avons veu quelques taz d'ordures et gravois provenans des bastimens, tant de Sainte-Catherine que d'autres.

Rue du Roy de Sicile, etc.

Pièce justificative n° 3

Archives Nationales. S. 1024. 15 mars 1645.

Contrat d'aliénation devant Demant, notaire à Paris, par Paul de *Boulogne*, comme fondé de procuration de M. Raphaël de *Boulogne*, son frère, Prieur commandataire dudit Prieuré (Sainte-Catherine du Val des Ecoliers) à M. Michel *Larcher*, Premier Président de la Chambre des Comptes, à Paris, de différentes places dépendant du Jardin, en la rue de l'Egoût, contenant 505 toises de superficie, moyennant 900 livres de rente et 10 sols de cens.

Pièce justificative n° 4

Archives Nationales. S. 1024. 12 août 1660.

Nous, né Auguste *Servuien*, abbé des abbayes de Saint-Jouin, prieur de Sainte-Catherine du Val des Ecoliers à Paris, avons permis et accordé, permettons et accordons à M. de Villacerf, conseiller du roi en ses conseils, premier maître d'hôtel de la reine, de faire construire une petite porte pour entrer de sa maison où il est à présent demeurant, sise dans la rue de l'Egout, dans le jardin qui est dans l'enclos du prieuré, à la charge toutefois que la présente permission, ne pourra tirer à conséquence, et que ledit seigneur de Villacerf ne s'en servira que pour sa commodité seulement et qu'il en jouisse. Et en cas que nous jugions de la faire boucher, ledit seigneur de Villacerf sera tenu à remettre en état et sera condamné aux frais et dépens toutes les fois cognantes que bon nous semblera après simple réquisition sans aucune formalité de justice. En foi de quoi nous avons signé la présente à Paris, le 12° jour d'août 1660.

AUGUSTIN SERVUIEN

Je, soussigné né, reconnais que M. l'abbé Servuien, prieur du prieuré de Saint-Catherine du Val des Ecoliers m'a accordé la permission dont copie est ci-dessus écrite, que je promets exécuter à la première réquisition qui m'en sera faite, fait à Paris le 12° jour d'août 1660.

COLBERT DE VILLACERF

Pièce justificative n° 5

Archives Nationales S. 1024

8 mars 1677. — 20 août 1644. — 21 janvier 1645. — 18 janvier 1646. — 21 avril 1646. — 17 mai 1646.

Expédition sur parchemin d'un contrat d'aliénation par M. Augustin *Servuien*, prieur commandataire de Sainte-Catherine au profit de M. Colbert de Villacerf, de 220 toises de terrain, dépendant de son jardin prieurial pour agrandir le dit hôtel de Villacerf moyennant 14.868 livres.

Des 505 toises, M. *Larcher* en a vendu 125 1/2 à M. de *Villequero* et M. *Dauman* par deux contrats à M. *Villedo*, 80 toises.

Des 80 toises, M. *Villedo* en a vendu au sieur *Dauman* 24 toises 1/2 qui, jointes aux 125 qu'il avait, égalent 150 toises.

Don par M. de *Villequero* au dit prieuré des 150 toises chargées, dit le titre de 300 francs de rente à raison de 40 francs par toise et de 49 pour les 24 toises 1/2 de M. *Villedo*

Au moyen desquelles..................		505 toises
Mlle de *Rouën*..........................	150 toises	
M. de *Villedo*........................	55 toises 1/2 =	205 toises 1/2
Reste à M. *Larcher*....................		299 toises 1/2

sur lesquelles est construit l'hôtel de Villacerf, feu M. *Villacerf* ayant épousé la fille de M. le Président *Larcher*.

Mlle de *Rouën* représentant M. de Villequerot

Des 900 livres de rente elle en doit........................	300 l.
M. *Villedo*..	500
reste des 900 livres de rente de par Larcher..................	100 — 10^s
	900 — 10^s

Pièce justificative n° 6
Archives nationales S. 1022

Par acte passé devant Mélin, notaire à Paris, le 10 juillet 1700.

Appert Dame Marie Jeanne *Larcher*, veuve de M. Edouard *Colbert* chevalier, marquis de *Villacerf* et de *Payens* et à avoir dit et reconnu être propriétaire pour les portions ci-après déclarées : D'un grand hôtel où elle est demeurante, dite rue de l'Egoût, consistant en plusieurs appartements, cour, jardin, appartenances et dépendances à elle appartenant, savoir ledit hôtel pour moitié au total de son propre et un quart au total à cause de la communauté de biens qui a été entre elle et ledit défunt seigneur son mari, l'autre quart à la succession dudit seigneur et ledit jardin pour moitié à cause de la communauté d'une partie d'icelui, l'autre à ladite succession et pour trois quarts dans l'autre partie dudit jardin appartenant à ladite dame Colbert ci-dessus, savoir : moitié de son propre, un quart CO^e commune et l'autre, appartenant à ladite succession.

Et que sur les dits lieux, le Prieur de Sainte-Catherine aura droit à 10 livres de cens et 100 livres de rente.

Pièce justificative n° 7
Archives nationales. — S. 1022. 3 février 1742.

A tous ceux que ces présentes lettres verront Gabriel-Jérôme de *Bullion* chevalier comte d'*Esclimont*, seigneur de *Wideville-les Pères*, Mareille Moulainville et autres lieux, maréchal des camps et armées du roi, conseiller en tous ses conseils, prévôt de ville, prévôté et vicomté de Paris, conservateur des privilèges royaux de l'Université de la dite ville. Salut. Scavoir Faisons que par devant MM. François *Lauglois* et Jean-François *Jourdain* conseillers du roi, notaires à Paris, furent présents sieur *Antoine* doyen de *Fresnes* demeurant à Paris au petit Palais du Luxembourg, rue de Vaugirard, quartier Saint-Germain des Prés, paroisse Saint-Sulpice au nom et comme procureur de haut et puissant seigneur M. Gilbert-Henri-Amable de *Vegny d'Arbouze* chevalier seigneur marquis de Villemont Saint-Genèze, baron de *Zazel* mestre de camp de cavalerie, ci-devant exempt des gardes du roi, chevalier de l'ordre royal et militaire de Saint-Louis, gouverneur du duché de Montpensier au nom comme gardien noble tuteur naturel et légitime administrateur, suivant la disposition de la coutume d'Auvergne de M. *Vegny* âgé de vingt-deux ans et demoiselle Charlotte de *Vegny* âgée de seize ans, le tout ou environ, seuls enfants de lui et de feue haute et puissante dame *Marie-Geneviève Colbert de Villacerf* son épouse.

2° De haut et puissant seigneur M. Henri-Jacques Coignet comte de Courson, grand bailli d'Auxerre, chevalier de l'Ordre royal et militaire de Saint-Louis, au nom comme tuteur de M. Henri-Pierre-Gilbert Coignet de *Courson*, âgé de neuf ans ; Gaspard-Marie-Victor *Coignet* de *Courson*, âgé de quinze ans, et demoiselle Marie-Emilie *Coignet* de *Courson*, âgée de seize ans le tout ou environ seuls enfants de lui et de défunte haute et puissante dame : Marie-Charlotte *Colbert de Villacerf*, son épouse suivant la sentence du baillage au siège précordial d'Auxerre, homologation de l'avis des parents et amis des dits sieurs et demoiselle, mineurs du 10 mars 1733 contenant l'acceptation faite ledit seigneur de Courson de la dite charge de tuteur.

3° De haut et puissant M. Antoine-Philibert, comte de *Groslier*, marquis de Treffort au nom et comme fondé de procuration de haute et puissante dame Gabrielle-Claude *Colbert de Villacerf*, son épouse passée, par la dite dame au seigneur son époux pour son autorisation devant Delanon, notaire à Paris et son confrère le 1er juin 1733 desquels seigneurs de *Villemont*, comte de *Courson* et de *Groslier*, ledit sieur Doyen, son fondé de pouvoir en procuration, générale pour toutes les affaires de la succession de M. le marquis de *Villacerf* ci-après nommé passé devant ledit Me Delalonde, notaire et ses confrères à Paris, le 5 avril 1739.

Sieur Jacques de *Villemandy*, intendant des maisons et affaires de M. le duc de *Luynes*, demeurant à Paris, rue Saint-Dominique, quartier Saint-Germain-des-Prés, paroisse Saint-Sulpice, au nom et comme défendant et portant fort de haut et puissant seigneur M. André Joseph *Des Friches*, marquis

Doria, capitaine de cavalerie au régiment de Brissac en qualité de tuteur de M. Marie-Marguerite-François-Firmin, son fils unique, et de haute et puissante dame Marie-Anne *Colbert de Villacerf*, son épouse.

Lesquels sieurs *Doyen* et de *Villemandy* es dits noms ont reconnu que la maison ou grand hôtel, appelé Villacerf, située à Paris, rue de l'Egout, qui appartenait à défunt M. Edouard Colbert, chevalier, marquis de *Villacerf* et autres lieux, conseiller d'Etat, premier maître d'hôtel de Mme la duchesse de Bourgogne, surintendant et ordonnateur général des bâtiments et jardins de Sa Majesté arts et manufactures et à dame Marie-Geneviève *Larcher* son épouse, et pour raison duquel hôtel la dite dame de Villacerf avait passé titre nouvel et déclaration au prieur Sainte-Catherine devant Melin, et son confrère notaires à Paris, le *10 juillet 1700*. Est à présent possédée et en appartient par indivis aux sieurs et demoiselle de Villemont, sieurs et demoiselle Coignet de Courson et à la dite dame de Groslier, comme seuls héritiers, les dits sieurs et demoiselle de Villemont, purs et simples et les autres par bénéfices d'inventaire de défunt haut et puissant seigneur Pierre-Gilbert Colbert, marquis de Villacerf et de Payens, conseiller du roi et en son conseil d'Etat et premier maître d'hôtel de la Reine, leur père en ayant au moyen de la renonciation faite à la succession de la haute et puissante dame, Marguerite *Colbert de Villacerf*, veuve de haut et puissant seigneur François Emmanuel de *Courson*, comte de *Levilly*, colonel du régiment de Béarn, par acte passé devant Delaleu, notaire, le 3 juillet 1733, insinué à Paris, par Thierry le 4 dudit mois et par-devant ledit seigneur marquis de *Doria*, en leur dite qualité de tuteur dudit seigneur son fils, par acte passé devant Delaleu et son confrère, notaires à Paris, le 24 mars 1734 insinué le 8 juin suivant lequel seigneur Pierre-Gilbert *Colbert* était propriétaire de la totalité de ladite somme et hôtel en qualité de légataire universel de feu messire Edouard *Colbert* et dame Marie-Geneviève *Larcher*, son épouse, ses père et mère à l'égard de l'autre moitié elle appartient audit seigneur de *Doria*, mineur, au moyen du délaissement qui lui en a été fait pour le remplir de partie de la dot, de ladite dame sa mère par lesdits seigneurs et dame héritiers dudit seigneur Pierre-Gilbert *Colbert* par contrat passé devant Delaleu notaire et son confrère, à Paris le 16 avril 1739.

Et que la dite maison est la censive du Prieuré de Sainte-Catherine du Val des Ecoliers à Paris et chargé envers iceluy de dix sols de cens portant lots et vente saisie et amende, de sorte que ladite maison est chargée indivisement et solidairement envers ledit prieur de 100 cens de rente foncière et non rachetable.

A ces causes lesdits sieurs *Doyen* et de *Villemandy*. es dits noms promettent

† obligent lesdits seigneurs et dames, pour lesquels ils agissent en dite qualité envers haut et puissant seigneur M. *Aymard* Chrétien-François-Michel *Nicolay*, chanoine de l'Eglise de Paris et prieur commandataire dudit prieuré de Sainte-Catherine et à ses successeurs prieur dudit prieuré, de leur payer et continuer les dits cens et rente aux termes qui sont dans leurs baux et si longtemps qu'ils seront propriétaires de tout ou partie de ladite maison ou hôtel de Villacerf, suivant et conformément au titre nouvel et déclaration des énoncés en date de juillet 1700 et aux autres titres desquels demeurent en leur force et vente. Ce qui a été accepté par le dit seigneur abbé de Nicolay, demeurant à Paris, place Royale, paroisse Saint-Paul, lequel a reconnu avoir reçu desdits sieurs Doyen et de Villemandy la somme de 201 livres pour les arrérages desdits cens et rente échus et dus jusques en décembre dernier dont quittance.

A fait et donné plein pouvoir et entière mainlevée de la saisie-arrêt faite à la requête dudit seigneur abbé de Nicolay, entre les mains de M. Daudry, conseiller d'Etat, intendant des finances, qui tient ledit hôtel à loyer le 17 août 1741, courant qu'elle demeurent sans effet et que ledit sieur Daudry, paie et vide ses mains en celle de qui il appartiendra quoy faisant décharge, reconnaissant ledit seigneur abbé de Nicolay, que les dits sieurs Doyen et de Villemandy, lui ont remboursé par moitié la somme de 22 livres 1 sol 6 deniers qu'il a payé à son procureur pour les frais qu'il a faits sur la dite pairie.

Observant lesdits sieurs Doyen et de Villemandy, pour servir entre eux et que de raison et que ladite somme de 201 livres par eux et de faire payer, il en a été fourni par le sieur Doyen 50 livres 5 sols et cens et 50 livres 15 sols par ledit sieur de Villemandy. Et pour l'exécution des présentes, dont il sera fourni incessamment la grosse audit seigneur abbé de Nicolay, sur lesdits sieurs Doyen et de Villemandy et dits noms ils ont élu leur domicile irrévocable hôtel de Villacerf, auquel lieu ils conservent la validité de tous exploits et autres actes de justice comme s'ils étaient faits et donnés à leurs personnes et vrai domicile. Promettant exécution des présentes pour l'obligation et hypothèque de tous leurs biens meubles et immeubles parce qu'ils ont promis à la justice et contrainte au Châtelet de Paris.

Renonçant à toutes choses contraires à ces présentes lesquelles ont été scellées par ledit M. Jourdain, notaire, et furent passées à Paris en études, le 3 février 1742 après-midi. Et ont signé avec Langlois et Jourdain, notaires, la minute des présentes demeurées audit M. Jourdain, notaire.

Pièce justificative n° 7 bis

Archives de la Seine
Minute de Lettres de ratification, n° 21. 8.

GRANDE MAISON RUE DES EGOUTS SAINT-PAUL, APPELÉE L'HOTEL DE VILLACERF, BATIMENT, COUR ET DÉPENDANCES

Louis, par la grâce de Dieu, roi de France et de Navarre :
A tous ceux que ces présentes Lettres verront, salut. Jean-Antoine *Lesueur*, bourgeois de Paris, demeurant rue Culture-Sainte-Catherine. paroisse Saint-Paul.

Nous a fait exposer que par contrat passé devant Jourdain et son confrère, notaires à Paris, le 28 août 1773, duement insinué, il a acquis de Nicolas-Charles de *Maton*, chevalier, seigneur de *Bercy* et autres lieux, notre fon" et nos conseils, Maître des Requêtes, honoraire de notre hôtel et Mlle Marie-Françoise *Tachereau* de *Baudry*... de lui autorisée, demeurant à Paris, rue de Thorigny, paroisse de Saint-Gervais ; Marie-Philippe *Taschereau* de *Baudry*, veuve, d'André *Pottier* de *Novion*, chevalier seigneur marquis de *Grignon*, V. Germain et autres lieux, notre fon^{re} en tous nos conseils, président honoraire du départ. de Paris, et de Françoise-Jeanne *Taschereau* de *Baudry*, veuve de Marie-Jacques marquis de *Bréant*, vicomte de *Lisle*, maréchal de nos camps et armées, inspecteur général d'infanterie et chevalier de Saint-Louis. Une grande maison appelée l'hôtel de Villacerf, sise à Paris, rue des Egouts, consistant en un grand bâtiment entre cour et jardin, deux bâtiments en aile, remise, cuisine, cave, jardin et autres appartements et dépendances, ainsi qu'elle poursuit et comporte en rien, excepté tenant d'un côté à la dame de *Feuquières* ou feu rep^t et au jardin du prieuré commandataire de Sainte-Catherine du Val des Ecoliers, d'autre exposant du nord à Baron et par-devant la rue des Egouts.

La vente moyennant le prix et la somme de soixante-deux mille livres, comprises deux mille livres formant le capital d'une rente foncière de cent livres. Et aux charges ordinaires et accompagnées pour en jouir en toute propriété et hors et ayant cause comme chose lui appartenant à compter du 1er juillet précédent, lesquels de maison, jardin et dépendances appartenant indivisément D^{ers} susnommés et à chacun pour un tiers ; savoir, à la dame de *Bercy* en qualité de légataire universelle pour un tiers de dame Philippe *Taboureau* sa mère à son décès, veuve de Gabriel *Taschereau*, chevalier, seigneur de *Baudry* et autres lieux, ancien intendant des Finances et fonctionnaire d'Etat, suivant le testament olographe de la dame de *Baudry* au 10 juin 1756, déposé à

Mᵉ Bronod, notaire à Paris, le 27 mai 1763, dûment contrôlé et insinué l'exécution desquels, testament, acte consenti et la délivrance des legs universels et particuliers y portées faite par un acte passé par devant Delaleu, notaire, le 26 janvier 1764, par les dames de *Novion* et de *Bréhaut*, en qualité de seules et uniques héritières, chacune par moitié, de la feue dame de Baudry, leur mère, au moyen de la renonciation faite à la succession par la dame de Bercy, par acte du 12 décembre 1763. Et encore les dames de *Novion* et de *Bréhau*, en qualité de légataires universelles de chacune pour un tiers de la dame feu de *Caudry*, suivant le testament sur date ayant annulé les qualités d'héritières et de légataires de laquelle maison et dépendances de la dame de *Baudry* était propriétaire au moyen de l'acquisition qu'elle avait faite par contrat passé devant Bronod le notaire à Paris le 12 juin 1755 du fondé de pouvoir de Marie-Marguerite-Françoise *Des Friches*, comte *Doria*, chevalier marquis de *Payens*, chevalier de Saint-Louis, capitaine de cavalerie au régiment de Dampierre ; d'Henry-Pierre-Gilbert *Coignet*, chevalier comte de *Courson*, grand bailli d'Auxerre, major du régiment de Bourgogne cavalerie ; de Gaspard, Marie-Victor *Coignet*, chevalier de *Courson*, capitaine à la suite du régiment ; de demoiselle Marie-Emilie *Coignet* de *Courson*, demoiselle majeure ; de fondé de pouvoir de demoiselle Claude-Gabrielle *Colbert de Villacerf* femme d'Antoine-Philibert, chevalier, marquis de *Grollier* et *Treffier*, enfin du fondé de pouvoir de Pierre-Gilbert-Philippe de *Végny*, marquis de *Villemont*, chevalier de Saint-Louis capitaine au régiment de Roussillon, grand bailli et gouverneur du duché pairie de Montpellier.

Tous, lesquels susnommés étaient propriétaires d'une maison, jardin et dépendances de la manière ainsi qu'il est plus au long énoncé au contrat dont l'extrait aux termes de notre édit de juin 1711 a été exposé pendant deux mois en l'audience du Châtelet suivant certificat de Desprez, greffier, du 15 janvier, annexé à la présente minute et pour l'exposant jouir de sa maison, jardin et dépendances.

Pièce justificative n° 8.
Archives de la Seine

MAISON ET DÉPENDANCES, RUE DES EGOUTS SAINT PAUL
Minute des lettres de ratification n° 3572

Au nom de la République,
A tous ceux que ces présentes lettres verront ; Salut.
Pierre-Nicolas, *Tailleboscque* mercier, à Paris, demeurant rue de la Haumerie, au coin de cette demi-section des Lombards.

Nous avons fait exposer que par contrat, passé devant *Doulet*, notaire à Paris et son confrère, le *deux septembre 1793*, dûment enregistré le lendemain par *Blaise*. Il a acquit de Jean-Antoine *Lesueur Florent*, ancien entrepreneur des ponts et chaussées, demeurant à Paris, rue St-*Antoine*, vis-à-vis celle des *Baes*, section de l'*Arsenal* :

1° Une maison située à Paris, rue des *Egouts Saint-Paul* appelée l'hôtel de *Villacerf* consistante en une grande cour, corps de logis sur le devant avec bâtiments en aile autre corps de logis. Sur le derrière, remise, écurie, jardin et autres dépendances appartenant à ladite maison ;

2° Cinq lignes d'eau faisant moitié de dix lignes à prendre au regard de la fontaine d'eau, devant *Sainte Catherine* ; dont la concession a été faite par devant le bureau de la ville de Paris, aux différents propriétaires de ladite maison ;

3° Et le réservoir dans lequel cinq lignes d'eau viennent se décharger ;

4° Et enfin la moitié en propriété de tous les tuyaux de plomb et robinets servant à amener lesdites eaux telles et ainsi que tout plus amplement désigné aux contrats se poursuit et emporte sans exception.

La dite vente faite moyennant le prix de soixante-dix mille livres compris 2.000 formant le capital de 100 francs de rente foncière et aux charges des ordinaires et accoutumés pour en jouir en toute propriété hors et ayant cause comme de chose lui appartenant à compter du jour et aux termes portés aux contrats lesquels maison, jardin et dépendances appartenant au moment de l'acquisition qu'il en a faite par contrat passé devant Jourdain, notaire à Paris, le 28 août 1773, de Nicolas-Charles *Malon* de *Bercy*, et Marie-Françoise *Taschereau* de *Beaudry*, veuve d'André *Pottier* de *Novion* et de Françoise-Jeanne *Taschereau* de *Beaudry*, veuve de Marie-Jacques de *Bréhant* lesquels en étaient propriétaires savoir : la demoiselle de *Bercy* pour un tiers en qualité de légataire particulière universelle, pour pareille portion de Philippe de *Taboureau*, sa mère, veuve de Gabriel *Taschereau* de *Beaudry*, suivant son testament olographe du 10 juin 1756 déposé pour minute à *Bronod*, notaire à Paris le 27 mai 1763 dûment contrôlé, insinué et confirmé par la demoiselle, reçu par le même notaire le 20 mai an 1756, l'exécution desquels le testament et codicile a été consentie et la délivrance des legs universels et particuliers faite par la veuve et demoiselle *Pottier* et de *Novion* et dame de *Bréhant* seules et uniques héritières chacune par moitié de la feu dame de *Beaudry*, leur mère ayant annulé la qualité d'héritière et de légataire universelle de leur mère au moyen de la renonciation faite par la demoiselle de *Bercy* à la succession de la dame de *Beaudry* sa mère, par lesquelles les dames *Pottier* de *Novion* et *Bréhant* étaient propriétaires de chaque un tiers, de la maison et dépendances, dans les qualités par elles prises dans l'acte de délivrance du legs, passé devant Delaleu, notaire, le 26 janvier 1761. Et la dame de Beaudry mère était propriétaire de la maison de la manière qui suit :

Pièce justificative n° 9
Archives de la Seine n° 2275

QUARTIER DU MARAIS RUE DE L'EGOUT SAINTE-CATHERINE DU VAL

Larbalétrier Madeleine-Louise, décédée le... laissant pour légataire universel *Hamel* Antoine-Laurent-Marie, négociant rue Saint-Denis, n° 133. Ce dernier a vendu le 10 septembre 1822, à Noël-Jeanne-Marie de *Pillas*, dit *Piat*, y demeurant, laquelle a vendu le 9 avril 1827 à *Barthélemy* Remy, marchand de vin, rue Poissonnière, n° 29, et à *Desplanches* Jeanne Denise, sa femme. *Barthélemy* est décédé le 4 décembre 1839. Le 20 juin 1840 la veuve et les enfants ont fait adjuger l'immeuble à *Hermann* Constant négociant, 10, rue Quincampoix, décédé le 20 novembre 1855, laissant pour héritiers son père et ses deux frères, Louis et Emmanuel.

Pièce justificative n° 10
PERMISSION AU SIEUR DUC DE CHAULNES DE FAIRE CONSTRUIRE UN CABINET HORS-D'ŒUVRE

Louis, par la grâce de Dieu, roi de France et de Navarre, à nos aimés et féaux Conseillers, les Présidents, Trésoriers Généraux des Finances et Grands Voyers en la Généralité de Paris, Salut ;

Notre très cher et bien aimé cousin le duc de Chaulnes, Pair de France, nous ayant remontré que désirant faire faire un cabinet dans œuvre, au derrière de son hôtel faisant face sur le devant de la rue des Egoûts de Saint-Paul, en laquelle il ne passe aucun carrosse ni harnais, et en ayant projeté le dessein et trouvé qu'il ne pourrait le construire et rendre carré en dedans, sans prendre quelque saillie sur la dite rue des Egoûts, il nous aurait pour cet effet présenté requête aux fins de lui en donner notre permission et alignement, sur laquelle après la descente faite sur les lieux en présence de l'un de nous, à ce commis, et de notre procureur, et rapport fait en conséquence de notre ordonnance de l'état d'iceux, par Bernard Menessier, commis à l'exercice de la voierie, qui aurait trouvé que la dite saillie encommencée à sept pieds trois quarts à huit pieds de rez-de-chaussée, formant cinq pieds et un quart de saillie du côté de la rue Saint-Louis et un pied du côté de la rue Saint-Antoine, sur la longueur de vingt pieds, et vu le consentement de ceux à qui appartiennent les maisons voisines, vous lui auriez permis de continuer la dite saillie en rapportant nos lettres de permission sur ce nécessaires qu'il nous aurait requis lui vouloir accorder ;

A ces causes, désirant favorablement traiter notre bien aimé cousin le duc de Chaulnes, après qu'il nous est apparu par le consentement des dits voisins que la dite saillie, n'apporte aucune incommodité au public. Nous lui avons permis et permettons de faire construire la dite saillie ainsi qu'il est ci-dessus exposé, nous mandons à cette fin de faire registrer ces dites lettres, et du contenu en icelles jouir notre bien aimé cousin, sans y apporter aucun trouble ni difficulté, **car tel est** notre plaisir.

Donné à Saint-Germain-en-Laye le dix-neuvième jour du mois de février, l'an de grâce mil six cent soixante-dix-neuf et de notre règne le trente-sixième.

LOUIS

Par le Roi
Colbert

Registrées au bureau des Finances de la Généralité de Paris, du consentement du Procureur du Roi et le neuvième jour de mars mil six cent soixante dix-neuf.

Fin des Pièces Justificatives

Imp. Bonvalot-Jouve, 15, rue Racine, Paris.